U0961998

投资像格力一样的企业

产销均衡视角下的企业财务分析

于日新（加班的会计）/著

中国经济出版社
CHINA ECONOMIC PUBLISHING HOUSE
北 京

图书在版编目（CIP）数据

投资像格力一样的企业：产销均衡视角下的企业财务分析 / 于日新著. -- 北京：中国经济出版社，2020.7

ISBN 978-7-5136-6253-6

Ⅰ.①投… Ⅱ.①于… Ⅲ.①企业管理-会计分析 Ⅳ.①F275.2

中国版本图书馆 CIP 数据核字（2020）第 136300 号

责任编辑 燕丽丽
责任印制 巢新强
封面设计 久品轩

出版发行 中国经济出版社
印 刷 者 北京力信诚印刷有限公司
经 销 者 各地新华书店
开　　本 710mm×1000mm 1/16
印　　张 13.25
字　　数 160 千字
版　　次 2020 年 7 月第 1 版
印　　次 2020 年 7 月第 1 次
定　　价 59.00 元
广告经营许可证 京西工商广字第 8179 号

中国经济出版社 **网址** www.economyph.com **社址** 北京市东城区安定门外大街 58 号 **邮编** 100011
本版图书如存在印装质量问题，请与本社销售中心联系调换（联系电话：010-57512564）

版权所有 盗版必究（举报电话：010-57512600）
国家版权局反盗版举报中心（举报电话：12390） 服务热线：010-57512564

推荐序一

以做企业的精神研究上市公司

1990年末，深圳证券交易所、上海证券交易所相继开业，标志着中国与国际化的资本运营方式开始了长期的衔接、并轨之路。

1994年6月，本人阴错阳差地接触到中国股市，26年来，虽不是每天盯股票、看企业，但隔三岔五地知之一二，也认识了很多投资股市的朋友，见识过许多股海中的悲欢离合，耳闻目睹了很多人因股市而短时间暴富，也有很多人短时间暴亏，甚至倾家荡产。很长时间内，大家把买卖股票称为“炒股票”，中国股市被戏称为“赌场”。

赌场是撞运气的场所，当股市被称为“赌场”时，进来的人大多是来撞运气的。赢了是运气好，输了是运气差。加之很多恶庄在股市里兴风作浪，各种监管措施及政策法规尚不完善，股市便成了很多人财富的“坟场”。

好在时间是最好的老师，随着时间的推移，国家相关的法律、法规不断健全，投资人的素质也在不断提高，各种相对规范运作的基金大量涌现，使得中国股市越来越具有吸引力。

投资是需要深度钻研的。我有一个朋友，看好腾讯，在其股价几块钱的时候，把自己手中的钱几乎全仓买入，不断跟踪、钻研，一直持有十一年半才放手，收入颇丰。很多人，包括我自己，也曾经在很低的价位买入了腾讯股票，因为对行业、企业钻研认识不够，挣了点钱就跑了。

钻研说起来容易，做到却并不易。没有正确的思路和方法，在纷繁复杂的数据下钻研，会事倍功半。本书最吸引人的地方在于，在研究上市公司时，以“产销均衡”的方法去看待各式各样的上市公司，这种方法是以做企业的精神研究上市公司，对于大消费类和制造业企业尤其适用。

二级市场投资没有一定之规，最后是以成败论英雄，要的是长期稳定盈利。我相信，成功的投资，就是以做企业的精神钻研上市公司，看透企业的生意逻辑，跟着优秀的企业共同成长。

和于日新相识恰好两年，有幸经常在一起探讨上市公司的各种问题，我很欣赏他的钻研精神，读罢此书，受益颇多，希望他坚持自己的理念，知行合一，钻研下去，不断进取，成为一个出色的基金经理，为投资人长期带来优质的回报。

刘　伟

国世通控股有限公司 董事长

2020 年 6 月 9 日于北京

推荐序二

奠定投资经济学理论体系的第一块基石

日新发来他撰写的新书《投资像格力一样的企业：产销均衡视角下的企业财务分析》，问我能否为此书作序。我深感荣幸，自是欣然答应。

经济学理论能否用于赚钱？这是很多人对于经济学抱有的疑问。张五常教授最初认为不能，后来的口气有所改变，变为更为积极正面的“有助于提高赚钱的机会”。张五常教授的老师赫舒拉发则曾打过这样的比方：向经济学家提出这个问题，就有如问一个物理学家能否因为他懂得球体力学而成为打篮球的好手，或者问一个数学家能否因为他懂得概率论而成为赌场上的赢家。

梳理投资界的实践，真正运用符合科学方法论要求的经济学理论去赚钱的，确实不多。但问题很可能是因为目前主流的经济学理论有如中世纪的自然科学界那样，还充满了太多的错误，于是炼金术士们没有一人能真的炼出金子，就算是发明了火药的人们也多是无意中撞了大运。另一方面，即使使用的是正确的经济学理论，懂得理论跟学以致用还是存在距离。这方面，我认为赫舒拉发那个关于物理学家为什么不能成为篮球好手的比方有一定的借鉴意义，但经济学理论之于投资实践还是比物理学理论之于篮球运动有着更直接的相关性。也就是说，能运用科学的经济学理论于投资实践，通过赚钱来验证理论与应用的正确性，需要两方面的素养兼备：其一，是对经济学理论的深刻理解；其二，是将理论与实践的巧妙连接。

由于股票投资最能明确而迅速地出结果，最能吸引人们认同从而学习科学的经济学理论（张五常教授称之为“经济解释”）的，恐怕非股票投资莫属了。因此，我一直希望在经济解释学有所成的朋友之中，能有人写一本教科书式的著作，将经济学理论去芜存精之余，还能清楚地示范如何将理论与实践连接。最初，我寄望于“敏友”，他是最早将经济解释应用于股票投资的学友，也曾写过不少精彩文章，提供了一个比较清楚的分析系统。可惜敏友虽然擅长写长文，却迟迟没有进一步写书。没想到日新后发先至，在敏友的多篇精彩文章的基础上，“一生二，二生三，三生万物”，将同样的理论逻辑推衍至分析多个不同的行业及其优秀企业，反复地验证着这个理论逻辑的科学性与正确性，最终成就了这一部大作。

如果对经济解释不是很熟悉的人，从书名看不出与经济学理论有关的字眼，却能看出它与会计、财务密切相关。我作为一名长期从事经济管理学院的教学工作的老师，对每一届学生都说过这样一句话：大学的经济管理类专业的很多课程通常都被认为是“水货”，但有两门课还是“干货”满满的，一定要好好学习，那就是会计学与财务管理。其实经济学也可以是“干货”满满的课，但由于主流经济学充满了错误，经济学教科书就更是等而下之。教经济学课程的老师，大多自己也没真正懂得符合科学方法论要求的经济学，所属这门课在大部分的高校中也流为“水课”。会计学、财务管理却因为其实用性很强，反而比经济学更容易教给学生不少“干货”。传统的会计学、财务管理虽然由于扎根于实践而不会太“水”，却又因为缺乏科学而正确的经济学理论提供逻辑基础而经验有余、科学性不足。颇有点像受到近代西方自然科学影响之前的中国古代，虽然建起了万里长城，对天文现象的观测与预测也相当精准，却还是主要靠经验，缺乏理论体系来整合由经验而得来的知识，只能称为“技术”，不能称为“科学”。一旦遇上靠科学的力量发展出来的坚船利炮，立即就被打趴了。我认为，日新的这部大作，就相当于给中国古代的经验丰富的技术补加了具有完整体系的西方科学。

至于“产销均衡的视角”，我认为是经济学中的交易费用的一种应用。我在《经济学讲义》第七讲分析传统经济学的均衡概念，指出其有大错时，提到了“局限条件变化，人的行为却不变，是否非均衡”的问题。传统经济学没有交易费用的概念，所以会遇到这种本质上违反了自私假设的困境。只要引入交易费用的概念，问题就很好解决了。因为人要改变行为，是有交易费用的。如果人的行为在局限条件一变就立即跟着改变，虽然有更符合局限条件的收益，但也有改变行为的交易费用，如果收益小于费用，改变行为反而是不划算的。所以在现实中，我们常常会观察到人的行为没有随着局限的变化而变化，并不是非均衡，而是忽略了改变行为的交易费用。

为了更好地说明这一点，我举了供求理论为例。供求理论的含义是市场上的供求一变，均衡价格就理应跟着变化。但事实上我们观察到的现象是，大部分市场上的供求状况即使明显地发生了变化，价格却并没有随之变化。价格随着供求的变化而频频变化的，只有金融市场。这是否说明除了金融市场之外，其他市场上的价格都是非均衡的呢？并非如此。频频地改变价格有交易费用。比如，餐厅在早点、午饭、晚餐时间的需求是明显增加的，供给却没有太大变化，根据供求理论，餐厅应该在这些营业高峰期加价才对。但现实中我们见到的更普遍的做法是餐厅宁愿让顾客排队等候也不加价。因为如果一到饭点就加价，根据排队的严重程度来决定加价幅度的话，顾客会无所适从，难以预计轮到自己用餐时价格是多少，是否值得多付钱留在这个餐厅吃，或转而寻找别的性价比更高的餐厅。

到第十三讲，我又继续分析传统经济学的固定成本概念，指出其更是大错特错时，提到所谓的固定投入不是真的生产者不能随收入、产量的变化而改变投入，而是改变投入的交易费用比较高，于是生产者衡量改变投入的收益与交易费用之后，决定某些投入不改变更划算。比如，某家工厂如果突然因为机器设备故障而要停工一天，关闭电闸就能立即节省电费，电力的投入是容易随产量的下降而削减的。但雇用的工人却基本不可能仅仅因为停工一天就立即把他们炒掉，第二天重新开工时再把他们招聘回来。因为解雇要支付赔偿金，重新招聘也有额外的费用，迅速改变劳动力的投入，与电力相比显然困难得多。

交易费用是一个大概念，改变行为有交易费用是这个大概念下的一种应用。改变价格有交易费用，改变投入也有交易费用，它们又都是改变行为的一种。由此就能清楚地看到，产销均衡也是改变行为的一种，所以它属于交易费用这个大概念的体系之内。日新的大作，当然比我在《经济学讲义》中为了便于初学者理解而举的简单例子（改变价格与改变投入）要复杂得多，也深入得多，可以说从这些简单例子玩出了千变万化，令人叹为观止！

我对“产销均衡”角度的理解是：传统经济学的均衡概念经过科学方法论的整顿、修正之后，就变成与自私假设等价同义的概念。世界永远均衡，不存在非均衡的情况，因此在理论上产销也是永远均衡的。出现貌似产销不均衡的情况，一定是因为在某些地方存在某种交易费用。能够找出这些交易费用存在于哪里，是什么样的交易费用，并想出巧妙的法子减少这些交易费用的企业，就能将下降的交易费用转化为自身的租值（收入），从中获利，而这一切最终都会反映到它们的股价上。投资者要是能通过分析财务报表，比股票市场上的其他人更早发现这些成功地降低这类交易费用的企业，就能在它们的股价还处于相对低位时买入，一直持有，等待股价回归正常估值水平，从而跟着一起获利。

从上述的简单解读可知，运用科学而正确的经济学理论于投资，大有可为！而且产销均衡的角度还只是冰山一角、小试牛刀。我期待不只是日新，也包括敏友等所有有志于将经济解释应用于投资实践的高手们，都来填补这个巨大而价值不菲的空白，直到最终能提出一个完整、系统且威力强大的投资经济学的理论体系！日后回顾，可能人们会发现，日新的这部大作，是奠定这个伟大体系的第一块基石！

李俊慧　博士
中山大学

目　录

前　言

本人从事证券研究工作，看过很多明星企业的生意，但对于这些企业如何将竞争对手拦在门外，独享巨额收益，从而成就一门超级生意，一直抱有疑问，也没有在市场上看到很好的答案。

两年前，我开始在“雪球”写文章分析格力电器，本来想通过写作来训练自己的研究分析能力，却意外得到了周围朋友和“球友”们的支持和认可。我写了大量关于格力、美的等企业的分析文章，每篇都有上百万次阅读量，业内人士纷纷向我请教，券商研究报告也借鉴了很多我的观点，着实让我惊讶。后来，朋友们劝我出本书，把两年来的文章汇集成册，便于读者们阅读和理解。

本书起名为《投资像格力一样的企业：产销均衡视角下的企业财务分析》，是因为我有幸持有格力电器11年，所有的投资知识均起源于格力，也是在研究空调生意中有所收获，总结出“产销均衡”的生意逻辑，用于解释格力空调的成功之道。随后，我将之应用于食品饮料行业，结果令人惊喜——基于产销均衡的角度分析生意可以解释所有知名企业的胜出原因——这是透视生意本质的绝佳视角。在得出各企业竞争胜出的逻辑后，以行业内各企业财务报表数据来做验证，保证全部案例经得起事实的检验，以求无误。

本书的结构，上篇以格力电器为例，提出空调产销均衡的生意逻辑，分别对销售返利、“甲供”“T+3”柔性生产、线上销售、空调“天花板”等进行分析，以上内容均以格力及其竞争对手的财务数据进行验证。下篇中，第十章总结产销均衡生意逻辑，解释其适用范围及传统投资分析方法的弊端；第十一至十九章，分别以贵州茅台、五粮液、洋河、伊利股份、涪陵榨菜、海天味业、双汇发展、青岛啤酒、广州酒家、桃李面包、绝味食品等企业为例，逐一示范产销均衡方法的应用。

我的投资生涯并不长，但在实践中也深深地体会到，一名基金经理或投资者的角色类似军事统帅：运筹帷幄，决胜千里之外，利用有限的时间、资源和信息排兵布阵，追求“战场”收益最大化。《孙子兵法》有云：“胜兵先胜而后求战，败兵先战而后求胜”，投资最常犯的错误就是自欺欺人，基于错误的认知决策，如此必将被市场淘汰。投资即是投生意，只有透彻地理解生意，才能获取对该企业客观的认知，如此知行合一即可。

第一，对我自己而言，为避免自欺欺人，一切研究以事实验证为基础，用科学的方法对生意本质进行研究，将是我终生为之努力的投资方式。

第二，不同的生意知识有不同的“保质期”，比如科技进步会使科技类生意快速变化，其知识贬值很快。为求一劳永逸，我选择“保质期”最长的生意知识，在投资不变之处建立“护城河”。

第三，投资即是投生意，如果对生意没有理解，又如何真正投资呢？总不能天天跟着企业高管、渠道、供应链“调研买信息”吧。“祖师爷”巴菲特投资那么多企业，想必并不了解那些细枝末节。因此，一流投资者的工作无非是寻找成功解决行业超级难题的伟大公司、伟大企业家。

最后，如果有人告诉我，“我很喜欢你的书，与我想的一样，是我过去知道的”，我会觉得自己写书很失败。我希望各位朋友认为这本书的内容是新颖、发人深省且闻所未闻的，更重要的是，我希望以本书的内容来证明投资可以是科学的、有逻辑的，是可学、可用、可掌握的，而不是所谓的艺术。如果读者告诉我，“我很喜欢你的书，我从未这样思考过”，将是对我最大的褒奖。

谨以此书与所有投资人共勉，下面言归正传。

一、投资超级生意

作为投资者，只要在过去20年里选择表0－1中的任何一家企业，都可以取得很好的投资回报。它们的成长性远超市场平均水平，同时为股东创造了丰厚的收益，如此即是超级生意。

改革开放40年，国内各行各业涌现大量的行业冠军，如此多的明星企业成长案例，里面有没有一些共性的内容值得我们去思考、总结？如果能够回答这些超级生意为什么能竞争胜出，就可以确定早期的超级生意特征，如此便可以提前下注未来的明星企业，想必这是每一个价值投资者的终身愿景——早知三日事，富贵万万年。

表0－1　2000年初至2019年末A股公司涨幅排序

序号	公司简称	过去20年累计涨幅（倍）	是否符合本书经济逻辑
1	贵州茅台	242.5	符合
2	格力电器	159.3	符合
3	恒瑞医药	139.2	—
4	恒生电子	71.9	—
5	万华化学	65.9	—
6	长春高新	63.8	—
7	云南白药	59.6	符合
8	万科A	56.5	符合
9	苏泊尔	55.6	符合

续表

序号	公司简称	过去20年累计涨幅（倍）	是否符合本书经济逻辑
10	泸州老窖	51.0	符合
11	五粮液	49.6	符合
12	山西汾酒	49.2	符合
13	山东黄金	46.5	—
14	片仔癀	43.7	—
15	伊利股份	42.4	符合
16	华兰生物	40.5	—
17	福耀玻璃	38.7	—
18	海螺水泥	37.8	—
19	三一重工	36.9	符合
20	国电南瑞	35.7	—
21	双汇发展	31.9	符合

注：已剔除并购重组企业。

数据来源：WIND。

二、明星企业为什么能够竞争胜出

改革开放40年，各行各业百花齐放，大量的明星企业在各自领域竞争胜出，快速崛起，它们的故事不曾有人真正地用财务报表去讲述，也不曾有人从生意逻辑的角度去阐释，因此留下了很多疑问。

同样生产空调的格力、美的、海尔，为什么财务报表差距这么大？相近的空调营收规模，美的空调税前利润为什么只有格力的40%？同样是生产空调，行业老大格力选择压货稳定排产，为什么老二美的空调选择按需柔性生产？

贵州八大名酒为什么只有茅台胜出？如果酱香型白酒真的口味好，酱香型白酒为什么只有茅台胜出？为什么国内70%的白酒产量都是浓香型？同样销售白酒的茅台、五粮液、洋河，为什么销售返利形式完全不同？

内蒙古地区的荷斯坦奶牛比例为什么在2000年以后大幅度提升？

为什么火箭般发展速度的蒙牛在三聚氰胺事件之后输给了伊利？

涪陵榨菜为什么能在榨菜行业一枝独秀？小小的榨菜如何实现连年涨价？

肉制品行业双汇为什么是一家独大，统观全行业连一个像样的竞争对手都没有？

海天味业超高估值，净利润持续稳定增长的原因到底是什么？

这些问题是资本市场长期以来的疑问，投资者们也一直没有得到满意的答案。接下来，在本书的各个具体企业案例中，将会从产销均衡的生意逻辑出发，对上述问题逐一解答，并以此验证产销均衡的生意逻辑。

三、财务报表的正确阅读方式

财务报表是记录企业生产经营活动的商业语言。经营内容和财务报表，可以看成一枚硬币的两面，财务报表不仅真实地记录了企业的经营活动，更反映了经营活动的经济内涵。

接下来的全书案例，从大家最熟悉的财务指标入手，讲述数字背后的经营内容，阐述各门生意背后的经济逻辑。以下举几个例子示范：

（一）在产品周转天数

在产品周转天数越高，在白酒生意里意味着：蒸馏出的原酒在酒窖里存放的陈化时间越长。中高档白酒的陈化老熟需要的时间较长，比如洋河中高档酒平均为两年，茅台原酒为三年。因此，在产品周转天数连续增长，意味着白酒企业通过延长陈化老熟时间来提升产品品质。

（二）销售费用占收入比例

销售费用占收入的比例越高，在生意里意味着：同样的产品配送距离越远，即跨区域配送比例越高。在啤酒、工业面包等生意里，代表着单一生产工厂覆盖更大的市场范围，拥有更大的产销规模，即更低的生产成本。

（三）其他业务收入

其他业务收入，在空调生意里，是格力为自己的供应商集体采购原材料，并将其转售给供应商的收入。供应商将格力供应的原材料加工成零配件，再销售给格力，因此，其他业务收入是保证产品原材料质量的一个关键安排，在家电行业普遍存在。其他业务收入占营业收入比例排序，可粗略理解为家电产品品质的排序。

本书以产销均衡的视角剖析各明星企业，解读过程和结果在逻辑上正确，并不代表在现实中正确；必须以财务报表数据验证，以求无误，符合现实生意。

以上就是本书的研究内容，超级生意、背后的生意逻辑及相应的财务分析验证。希望本书能够为大家的投资世界打开一片新天地。

上 篇

格力电器
——23年4000倍的超级生意

格力电器 1996 年 11 月 18 日上市，至 2019 年末共 23.1 年。

发行价 2.5 元/股，2019 年末后复权股价为 10227.34 元，涨幅为 4090 倍，年化复合涨幅 43.3%。近 5 年加权净资产收益率如下：

格力电器近 5 年加权净资产收益率（%）

年份	2014	2015	2016	2017	2018
格力电器	35.2	27.3	30.4	37.4	33.4

第一章　格力财务报表为什么与美的、海尔差异悬殊

格力电器、美的集团、青岛海尔都是国内知名、家喻户晓的白色家电企业。从表 1－1 来看，三家公司 20 多年来的投资回报都还不错，但差异也比较大，其中格力的回报率实在惊人，23 年 4090 倍，堪称造富神话。

表 1－1　各白电企业上市至 2019 年股价涨幅

	股价涨幅（倍）	年化复合涨幅（%）
格力电器	**4090**	**43.3**
美的集团	459	26.4
青岛海尔	97	19.2

注：数据统计截至 2019 年 12 月 31 日。
数据来源：WIND。

资本回报率（ROIC），是指投资回报与投入资本的比例，与净资产收益率（ROE）不同，投入资本不仅包括股东投入的权益资本，还包括有息负债，可以用来衡量一家公司投入资金的盈利能力。

表 1－2　2014—2018 年白电企业资本回报率（%）

年份	2014	2015	2016	2017	2018
格力电器	**30.8**	**23.8**	**25.8**	**30.9**	**27.3**
美的集团	23.0	24.6	23.3	19.3	17.5
青岛海尔	25.3	17.9	13.6	13.1	13.1

数据来源：已披露财务报告数据计算所得。

由表 1－2 可知，三家企业 2014—2018 年的资本回报率差异很大，

整体上与20多年来的股价年化涨幅差距接近。

以上两表带来本篇的核心问题：白电企业生意是类似的，发展空间也是接近的，相似的生意，长期投资回报为什么会有如此大的差距？企业经营上究竟有何不同？

同样的白电生意，反映的报表财务特征却处处不同，正是这些差异揭示了格力空调生意的制胜法宝；也正是这些差异，在一起描绘出一则生动的超级生意成长故事。

在本书的第一章，来看看三家公司的财务报表：

不一样的预收账款

预收账款，是“主机厂”① 向经销商让利，获取未来产品需求信息提前排产的经营安排。带来的好处显而易见，一是可以更好地掌握市场销情，提前安排生产计划，从容地提升效率，降低成本；二是能投入巨额预付货款的必定是销售大户，有利于筛选有竞争力的经销商。

表1-3　2015—2018年白电企业预收账款比例（%）

年份	2015	2016	2017	2018
格力电器	**8.9**	**11.2**	**11.3**	**6.1**
美的集团	4.6	7.3	8.1	6.8
青岛海尔	4.5	5.7	4.2	3.5

注：预收账款比例=预收账款/家电收入。预收账款、家电收入均为家电业务口径数据。

数据来源：已披露财务报告数据计算所得。

结合表1-3可知，多年以来，格力的预收账款比例远高于美的、

① 主机厂，通常在汽车行业里用来称呼汽车厂商，如大众、奔驰等，它们向供应商们采购各种汽车零配件，然后组装生产。从生意的角度看，主机厂直接面对消费者，倾听市场需求，进而指挥供应商生产零配件，主机厂以产成品应对市场“考试”。本书借用汽车行业“主机厂”的名字来指代此类生意，如格力电器、贵州茅台、海天味业、青岛啤酒、双汇发展等。

海尔，这说明格力在稳定排产、销售渠道竞争力方面，显著胜出同行。如果预收账款这么好，那为什么同行不学呢？

2018 年，格力预收账款下降到了同行水平，难道是格力销售渠道的竞争力下滑了？这些疑问将在第二章揭晓答案。

不一样的空调收入

满产满销、产销均衡是工业规模化生产梦寐以求的目标，多少超级企业为之夙兴夜寐。

在理想世界，满负荷稳定排产，自然员工队伍稳定，设备满负荷运转，进而生产效率提升，成本降低，产品质量稳定；同理，主机厂通过订单把“稳定排产”传导给整个供应链，所有上游供应商均能实现产销均衡，从而降低成本。

回到现实世界，产品要能卖出去，企业才敢满负荷生产，实现稳定盈利，最终才敢持续下注扩张产能。难题其实是如何实现满产满销、产销均衡。

表 1 –4　2004—2018 年三家企业下半年空调收入占全年空调收入比例（%）

年份	2004	2008	2012	2015	2018
格力电器	**50.5**	**38.6**	**51.8**	**49.8**	**51.3**
美的集团	45.8	35.3	39.8	33.6	41.6
青岛海尔	38.2	27.5	37.8	41.9	39.6

数据来源：已披露财务报告数据计算所得。

空调淡旺季销量波动十分剧烈。夏季高温是零售旺季，因此上半年是空调企业生产旺季；下半年总有产能闲置，难以实现产销均衡。

由表 1 –4 可知，美的、海尔下半年空调收入比例较低，符合行业特征，但格力却高过它们 10 个百分点左右。近 20 年里，上下半年空调收入相近，销售生产平稳，格力究竟是如何解决行业难题，实现产销均衡的？这是格力成为空调行业老大、遥遥领先的关键所在，疑问将在第二章揭晓答案。

不一样的销售返利

销售返利是各行各业常用的一种激励或补偿方式。经销商等完成任务业绩，主机厂按约定予以返利，以此激励渠道卖力销售，具体形式有现金返利、商品返利或提货折扣等。

少数优秀企业会安排较多的销售返利在次年提货兑现，以便推动渠道持续经营。此类返利政策有利于应对行业寒冬时的供应链产销剧烈波动，本质上是丰年备荒，防患于未然，为自己及经销商充实“储钱罐”，以此稳定销售渠道、促使供应链产销平衡，这里有着深刻的经营内容。

表 1 –5　2015—2018 年白电企业销售返利

年份		2015	2016	2017	2018
销售返利余额（亿元）	格力电器	**531**	**582**	**595**	**619**
	美的集团	138	162	172	196
	青岛海尔	62	95	109	124
销售返利余额/家电收入（%）	格力电器	**45.6**	**70.1**	**67.8**	**50.4**
	美的集团	11.0	13.1	12.2	10.1
	青岛海尔	8.8	13.6	10.9	9.0

注：1. 销售返利余额是经销商完成任务应当获得，但年末尚未支付的余额。
2. 表内家电收入为家电业务口径数据。

数据来源：已披露财务报告数据计算所得。

由表 1 –5 可知，格力在销售返利余额、销售返利比例方面远高于美的、海尔，这说明格力在稳定产销平衡、销售渠道竞争力上，显著胜出同行。如果销售返利这么好，那同行为什么不模仿呢？疑问将在第三章揭晓答案。

不一样的原料采购价格

格力、美的是国内产销规模最大的白电企业，2018 年格力家电收入 1595 亿元，美的家电收入 2124 亿元。按理说，两公司采购同样原料的采购价不应该有很大差别，比如家电外壳注塑使用的塑料色母粒。

表 1－6　波斯科技 2016 年高耐候色母粒销售

销售客户	单位售价（万元/吨）	单位成本（万元/吨）	毛利率（%）	采购（吨）
格力电器	**4.02**	**1.45**	**64.0**	**865**
美的集团	5.47	1.39	74.6	120

数据来源：已披露公开招股说明书。

由表 1－6 可知，波斯科技销售给格力的产品，相比美的，单位成本更高，意味着供给格力的原料品质更高，但售价却更低，这显然不合理。

仅仅靠量大优惠是无法解释上述不合理现象的。以美的全年产销规模看，色母粒采购量也不会小。如果是波斯科技因为量小而给美的高价，但高耐候色母粒并不是独门技术，美的可以集中其全年色母粒订单在其他供应商采购，以换取量大优惠的采购价。显然，这里有其他原因，疑问将在第五章揭晓答案。

不一样的其他业务收入

其他业务收入，一个不起眼的会计科目，阅读报表时没人会在意，但其背后却隐藏着深刻的生意内容。

表 1 –7　2018 年各白电企业其他业务收入

	格力电器	美的集团	小天鹅	海信家电	长虹美菱
其他业务收入（亿元）	275	187	19	32	10
占主营业务收入比例（%）	**13.9**	**8.0**	**8.2**	**9.0**	**5.9**

数据来源：已披露财务报告数据计算所得。

由表 1 –7 可知，2018 年格力其他业务收入为 275 亿元，公司披露其为材料销售收入、废品销售收入等。美的也有 187 亿元，其他企业也不少，可见这是行业的普遍现象。

显然格力不是卖废品的，从销售废品的角度考虑，明显说不通，如此巨额的其他业务收入到底是什么？

格力、美的在空调领域显然好于长虹，上述排列和品牌的含金量似乎有关联。其他业务收入是否是影响产品质量的关键内容呢？

这些疑问将在第四章揭晓答案。

不一样的存货结构

丰田汽车的“精益生产”响彻制造业，零库存理念深入人心。按此逻辑，空调是典型的制造业，如果业内最优秀的企业对供应链的控制最好，那么原材料库存管理也应当是最好的。

2015 年，美的提出“产品领先、效率驱动”的发展思路。“T＋3”变革是针对库存问题的应对措施，大意为销售订单带动生产，加快供应链各环节周转，降低库存，提升效率。

表 1 –8　2016—2018 年白电企业存货结构比例（%）

年份		2016	2017	2018
原材料比例	**格力电器**	**37.1**	**26.3**	**43.9**
	美的集团	18.3	22.3	20.1
	青岛海尔	13.9	16.2	10.9

续表

年份		2016	2017	2018
产成品比例	**格力电器**	**54.2**	**57.8**	**48.3**
	美的集团	76.4	69.3	72.3
	青岛海尔	88.6	86.2	88.2

数据来源：已披露财务报告数据计算所得。

由表1-8可知，格力存货中原材料比例远高于美的、海尔，最优秀的格力为何不搞“零库存”？难道存货快周转不好吗？

美的执行“T+3”变革，追求快周转、降低库存，原材料是少了，却在报表里堆积了大量的产成品库存，这是为什么？

这些疑问将在第六章揭晓答案。

不一样的人均工资

格力总部在广东珠海，美的总部在广东佛山。同样是家电企业，按理说，职工工资应该不会有很大差异。

表1-9　2013—2018年格力、美的人均职工薪酬

年份	格力电器（万元）	美的集团（万元）	美的/格力（倍）
2018	11.37	23.08	**2.03**
2017	9.80	24.62	**2.51**
2016	7.54	12.26	**1.63**
2015	7.59	9.68	**1.28**
2014	7.50	9.06	**1.21**
2013	7.16	8.48	**1.18**

注：美的集团自2016年7月起合并东芝家电，2017年初合并德国库卡。

数据来源：已披露财务报告数据计算所得。

由表1-9可知，美的员工人均工资显著高于格力，即使是合并东芝家电、德国库卡之前也很高。珠海的城市平均工资、新建商品房售价均高于佛山，珠海家电员工工资也应当高于佛山，这里为什么正好相反呢？疑问将在第六章揭晓答案。

财务报表记录企业生产经营的结果，当我们走进格力、美的、海尔的财务报表，可以轻易地发现其财务特征存在显著差异，这意味着它们的经营策略是不同的。接下来的内容里，我将从不同的角度，逐步解释“空调生意的不同之处”。

第二章　产销均衡：格力“护城河”的拓宽之路

近年来，董明珠频频在媒体上高调发言，时常喊出一些“放卫星”的口号，如“投500亿也要搞芯片”“做手机华为第一，格力第二”，等等，令股东们惶惶不可终日，与低调做事的朱江洪截然不同，甚至有人认为董明珠就是格力的“定时炸弹”。

董明珠执掌下的格力，到底是在胡作非为、肆意挥霍吃老本，还是踏踏实实地持续成长。很多投资者为此担忧，对格力的未来不放心。

评价格力，要看其在做什么，而不是看其说什么。转换一下思路，把上述担忧转换成“格力的‘护城河’是什么？是加固了，还是削弱了”，解答好这个问题，难题便可迎刃而解。

本章将从空调行业的关键困难出发，以“存货”科目作为观察点，展示格力20多年来逐步攻克行业困难，建立其坚不可摧的“护城河”的传奇历程。

本章也将引入产销均衡的视角，这是贯穿全书的生意逻辑。

产销均衡打造“坚不可摧的护城河”

（一）空调行业的关键困难

空调淡旺季销量波动十分剧烈，图2－1为“产业在线”统计的2003年内销批发出货量，实际零售端出货更夸张，集中在最热的5—8月。因气候原因，每年最热的时段略有不同，有时也会有凉夏，销量波峰波谷差异巨大。

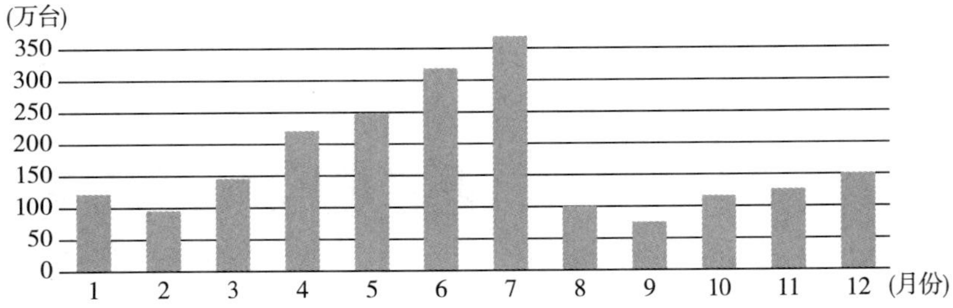

图 2-1　2003 年各月份国内家用空调批发出货量

注："产业在线"最早的数据为 2003 年，以此展现早期空调销售的季节性特征。
数据来源："产业在线"统计的空调内销批发销量。

如图 2-1 所示，如果按订单生产，满足 7 月旺季销量的产能，在 9 月淡季产能利用率要跌到 20%，那么，最可能出现的情况是，熟练员工养不起，产品质量稳定性无法保证，连供应商的排产也要跟着跌宕起伏，生产成本将大幅增加，而整个供应链每个环节的成本最终都要由消费者埋单。

（二）产销均衡的生意逻辑

很多读者没有制造业相关的经验，产销均衡的概念又过于抽象，可能不明白稳定生产的重要性，我举个例子帮助大家理解。

传统出租车生意，在街道巡游揽客，顾客招手，司机接单服务，这是典型的订单式生产。这门生意的主要成本包括：出租车的折旧、租金、油费、司机的劳动力，成本简单清晰。即使没人下订单，出租车也需要巡游寻找订单，车辆在行驶，这些成本也将不可避免地发生。

试想一下产销均衡的场景，出租车每次完成订单，下一个客人随即上车，生产稳定不间断，单位生产成本将快速下降。如此，产销均衡的出租车岂不是要大赚？再进一步，产销均衡是人无我有的优势，其他司机模仿不了我，这门生意岂不是要上天？

回到空调制造业，部分固定成本，如厂房设备折旧、租金、员工工资、水电费用等，不论开工率高低都是刚性的。持续满负荷生产可以极大地降低成本。成本降低不仅可以提升自身盈利，还可以给终端客户降价，进而提升产销量。

根据终端需求订单式生产，听上去很美，但季节性销售的产品，如果没有稳定排产的能力，将面临以下困难：

第一，工资支出。淡季大批解雇，旺季重新雇用？工人要吃饭，不可能召之即来，挥之即去。对制造业的 4M（人力、机械、材料、工艺）有了解的，应该清楚熟练的技术工人对产品品质极其重要，随意换工人是根本不可能的。

第二，厂房、设备。厂房折旧、租金，不论开工与否，都是成本；设备在开工时可以连续生产，但一旦停工，复工时就需要做大量的初期调试，绝非大家想象的，电门一合就可以重新开始生产。

第三，供应链。主机厂的产销波动，会通过订单向上游供应商传导，供应商会遇到同样的上述困难，尤其是铜、钢、铝等大宗原材料，冶炼设备更是无法间断生产。

综上，所有产销波动带来的生产困难都会反馈到最终产品的成本上。空调是一个销售量季节性特征极强的产品，因此谁能用最便宜的方法解决空调行业产销波动困难，谁就将拥有最低的成本优势，即坚不可摧的“护城河”，成为行内最优秀的企业。

格力如何实现产销均衡

在理想世界，空调企业全年满负荷生产，持续扩张产能，并集中在 6、7 月旺季销售出去。

现实世界，产品要能卖出去，企业才敢满负荷生产，实现稳定盈利，最终才敢下注扩产能。难题其实是如何实现产销均衡。

20 年来，格力独自解决行业难题，推进产销均衡，建立起牢不可破的“护城河”，下面来看看格力在当年是如何做的。

（一）预收账款：淡季返利

1994 年底，格力率先在家电行业出台淡季返利的销售政策。每年 9 月初至次年 3 月末的淡季产品定价，比 4 月初至 8 月末旺季低一点，且淡季 7 个月的价格不同，9 月最低，逐月上调，经销商淡季预付货款的采购价格更优惠，吸引经销商淡季囤货。

预收款，是主机厂通过向经销商让利，获取未来产品需求信息，提前排产的经营安排。带来的好处显而易见，一是可以更好地掌握市场销情，提前安排生产计划，从容地提升效率，降低成本；二是能投入巨资预付货款的必定是销售大户，有利于筛选有竞争力的经销商。

预收款这么好，为什么其他企业不学呢，或者学得不好呢？预收款需要占用经销商大量资金，且占用时间长，一直到次年 6、7 月才能回收，万一卖不出去就是血本无归。经销商又不是傻子，岂能随意接受压货，肯定要有利可图。因此，预收款安排是有条件的，至少有三个关键条件：

第一，经销商淡季预付是为了低价进货，旺季卖出，争取一个更大的批零价差，但如果对产品未来销售没有足够的把握，是不敢轻易下注的，这意味着必须是拥有强大竞争力的产品。

第二，主机厂淡季向经销商让利，是为了获取未来产品需求信息，提前排产。淡季让利可以模仿，但只有让利最大的企业才能获得最大的预收款助力，总不能赔本赚吆喝吧？这就意味着拥有强大成本优势的企业才付得起高额让利。

第三，主机厂产权要稳定清晰，企业家要具备远见卓识，兼备这两个条件才可能出现预收款的安排，因为要放弃部分眼前利益换取更大的长期竞争优势。

（二）筛选分厂——零部件零漏检

20 多年前，空调行业全部依赖日本技术，零部件几乎全部进口，国内只负责流水线总拼装，俗称“螺丝刀工厂”，当时市场的空调产品在技术、功能、质量上几乎没有差异。因此，产品质量的稳定性很大程度上依赖于零部件的质量和拼装工人的手艺，前者取决于采购价，后者取决于产销均衡，稳定排产才能养得起熟手，也利于员工熟能生巧。

早年间采购的零部件经常有问题，甚至发生过供应商擅自更换材料，导致某批次空调无法使用。

1995 年，格力成立一个由 300 多人组成的筛选分厂，一不生产零件，二不装配产品，工作内容就是把采购的重要零部件逐一检验筛选，100% 全检。

成本是为了收入，在几乎没有差异的空调市场上，格力靠着产品质量的稳定性高出同行，迅速积累了口碑，从而赚得一点点“品牌溢价”。结合预收款让利经销商的销售政策，格力将这点溢价让给经销商，吸引行业内最能干的经销商入伙。自此，产品质量稳步提升，预收款安排促进产销均衡，两者互相促进，实现良性循环。

（三）巴西建厂——平衡产销

南半球季节变化与北半球相反，对空调而言，北半球的销售淡季恰好是南半球的销售旺季，如果能成功占领南半球的市场，就可以拥有两个旺季，实现全年出口产销均衡。可惜现实世界总有遗憾，南半球人口、经济条件实在不行，利用出口市场平衡产销的空间有限。

巴西是南半球人口最多、相对富裕、气候炎热的国家，且立足巴西可以辐射整个南美洲，因此在 1999 年，格力国际化的第一步就选择了在巴西投资建厂，而后多年来巴西也是格力的主要出口地。

综上，经过1994年底的预收款安排，到1995年的筛选分厂，1996年格力超过老大哥春兰，跃居行业第一。

研发是高风险的买卖，有了产销均衡的稳固基础，格力才敢于大规模投入财务资本进行技术研发。格力循序渐进，从简单的外观模具开始，转到关键零部件，再到电控技术，一步步深入基础研究，最终傲视全球。

朱江洪时期的产销均衡

空调行业零售集中在5—8月，经销商为零售备货，4月初便是批发旺季，北半球国家均如此；考虑到提前付运时间，出口也是以上半年为主。如果按订单生产，空调企业上半年收入应当是占大头的。

“产销均衡”在财务报表的表达是，上下半年收入的均衡程度，即下半年空调收入占全年空调收入的比例。

从整个供应链的角度看，空调企业要实现产销均衡，必须在旺季前备货，提前生产的产品要堆积如山，堆在哪里呢，主机厂还是经销商？这才是问题的核心，也是观察产销均衡的绝佳视角。原则是站在整个供应链的角度看，堆在哪里最便宜，就堆在哪里。主机厂在稳定排产与让利经销商之间，两相权衡。

因此，格力追求产销均衡的历程，本质上是产成品放在哪里的变化过程。

“库存堆在哪里”在财务报表的表达是产成品比例、存货周转天数。产成品比例高、周转天数高，意味着库存堆在主机厂的报表；反之在经销商的报表。

（一）产销均衡第一阶段：1996—2003 年

1. 初步实现产销均衡

见图 2－2，1996—2003 年，格力下半年收入占全年比例逐年升高，在 2000 年首次超过 50%，而后稳定在 50% 左右，已初步实现产销均衡。

美的均衡比例高于春兰，之后美的一直未实现产销均衡，退而求其次，选择了订单式柔性生产。如此，零售终端的销情波动会被经销商人为放大（类同追涨杀跌），使整个美的供应链的生产跌宕起伏，最终增加的成本只能由消费者埋单。同样的质量，美的成本永远高于格力，因此多年来，美的资本回报率远低于格力。

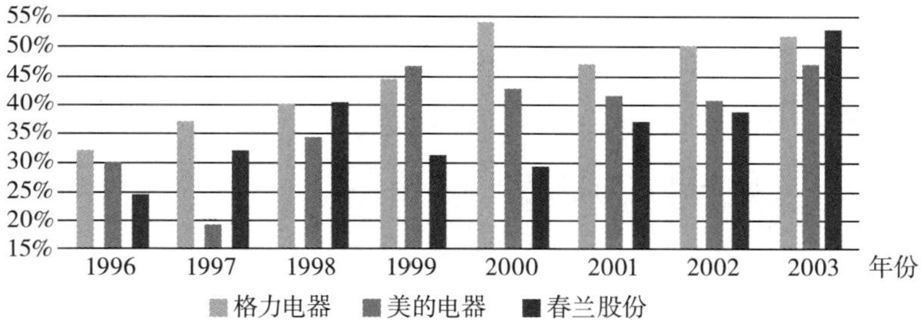

图 2－2 1996—2003 年各公司下半年收入占全年营业收入比例

数据来源：已披露财务报告数据计算所得。

表 2－1 1996—2003 年各公司下半年收入占全年营业收入比例（%）

年份	1996	1997	1998	1999	2000	2001	2002	2003
格力电器	35	39	42	46	54	48	51	52
美的电器	33	19	37	48	44	43	42	48
春兰股份	28	35	42	34	32	39	41	53

数据来源：已披露财务报告数据计算所得。

2. 产成品的分布

早年国内空调行业竞争激烈，一直处于供过于求的状态。1998 年国内空调厂家有400多家，2003年下降到140家左右，2004年主要活跃品牌仅为50家左右。

（1）尚未达到产销均衡：1996—1999年

由表2－2、表2－3可知，在此阶段，格力销售增速稳定，利润率稳定。为了产销均衡，主动增加产成品库存，产成品库存既可以放在格力报表里，也可以放在经销商报表里，存货周转天数上升。从产成品比例和预收款比例增加来看，双方都在加库存，但以格力为主。

（2）初步实现产销均衡：2000—2003年

由表2－2、表2－3可知，在此阶段，空调行业竞争进入白热化，格力销售增速放缓，售价快速下降，利润率下跌。作为行业老大的格力，利润率低于美的、春兰（见表2－4），说明格力在降低出厂价，加大对经销商的让利力度，鼓励其多进货多卖货。存货周转天数下降、产成品比例减少，意味着在格力的让利策略（利润率下降）之下，产成品库存逐步转移至经销商报表中。

表2－2　1996—2003年格力存货、预收款情况

年份	1996	1997	1998	1999	2000	2001	2002	2003
存货周转天数（天）	81	95	128	131	117	94	63	44
存货中产成品比例（%）	—	56	74	79	76	75	67	52
预收款占营业收入比例（%）	7	5	13	12	15	24	18	8

注：1. 预收款占收入比例一定程度上反映经销商下注的库存，受交货进度影响。

2. 2003年各季度末预收款余额均同比大幅增长，受交货影响，四季度收入同比增长55%，使年末预收款占收入比例较低，实际并不低。

数据来源：已披露财务报告数据计算所得。

表 2－3　1996—2003 年格力收入、售价、利润率情况

年份	1996	1997	1998	1999	2000	2001	2002	2003
收入增速（%）	11	21	25	20	23	4	7	43
每台不含税均价（万元）	0.47	—	0.35	0.35	0.33	0.28	0.25	0.19
毛利率减销售费用率（%）	11.3	11.7	11.4	9.9	7.0	7.1	7.3	5.4

数据来源：已披露财务报告数据计算所得。

表 2－4　1999—2003 年各公司利润率（毛利率减销售费用率）（%）

年份	1999	2000	2001	2002	2003
格力电器	9.9	7.0	7.1	7.3	5.4
春兰股份	17.7	19.4	20.5	16.1	7.4
美的电器	8.4	9.5	9.1	9.7	8.0

数据来源：已披露财务报告数据计算所得。

（二）产销均衡第二阶段：2004—2011 年

1. 逐步强化产销均衡

早期的经销商淡季压货能力较弱，尚不足以平衡出口订单。见图 2－3，2004—2011 年，格力下半年空调收入比例稳定在 50% 左右，2005—2007 年略低于 50%，是因为出口收入增速较快，而出口收入上下半年产销差距较大（见表 2－6），且年末为次年出口储备库存较多（下半年生产，次年销售）。2008 年的低数值是因为全球金融危机。

从上述收入比例可知，美的、海尔平时的产能闲置要高得多，因此资本回报率远逊于格力。

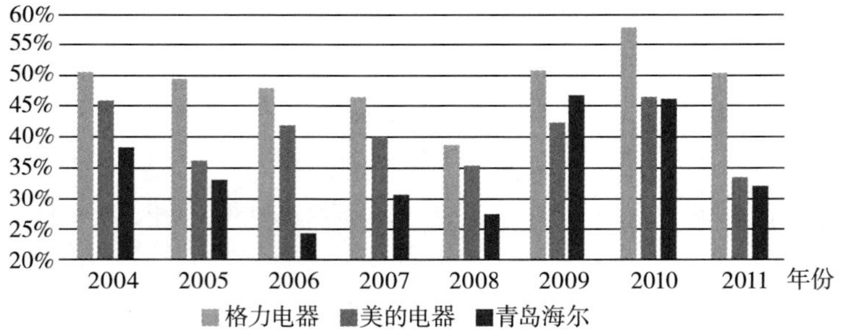

图 2 – 3　2004—2011 年各公司下半年空调收入占全年空调收入比例

数据来源：已披露财务报告数据计算所得。

表 2 – 5　2004—2011 年各公司下半年空调收入占全年空调收入比例（%）

年份	2004	2005	2006	2007	2008	2009	2010	2011
格力电器	50	49	48	46	39	51	58	50
美的电器	46	36	42	40	35	42	46	33
青岛海尔	38	33	24	31	27	47	46	32

注：春兰 2004 年后基本被淘汰，不再对比。

数据来源：已披露财务报告数据计算所得。

表 2 – 6　2002—2009 年格力下半年出口收入占全年出口收入比例（%）

年份	2002	2003	2004	2005	2006	2007	2008	2009
下半年出口收入占比	45	38	36	**37**	**24**	**28**	21	43

数据来源：已披露财务报告数据计算所得。

2. 产成品的分布

由表 2 – 7 可知，2004 年格力存货周转天数同比上升，一是因为收购凌达压缩机等四家空调零配件业务，即同样的营业成本，对应报表上的存货金额增加，是会计口径影响；二是为次年出口销售增加备货。

2004—2007 年，出口业务快速增长，为次年出口备货，使存货周转天数、产成品比例上升。格力的应收账款均为出口业务产生，账期 3 个月左右，因此年末至次年一季度末应收账款环比增加额可以代表一季度出口额，见图2－4，逐年快速增长。

2009—2011年，国内空调销量增速加快，存货周转天数、产成品比例下降，意味着经销商主动增加库存，库存向经销商转移。

表2－7 2004—2011年格力电器存货、预收款情况

年份	2004	2005	2006	2007	2008	2009	2010	2011
存货周转天数（天）	74	81	73	74	64	60	66	77
存货中产成品比例（%）	66	74	75	74	76	55	59	63
预收款占收入比例（%）	16	10	12	12	14	21	20	24
国内空调销量增速（%）	—	6	6	12	－3	－5	35	26
空调出口收入增速（%）	39	59	47	49	3	－28	67	49

注：1. 预收款占收入比例一定程度上反映经销商下注的库存，受交货进度影响。
2. 国内空调销量增速为据统计局披露数据计算。
数据来源：已披露财务报告数据计算所得。

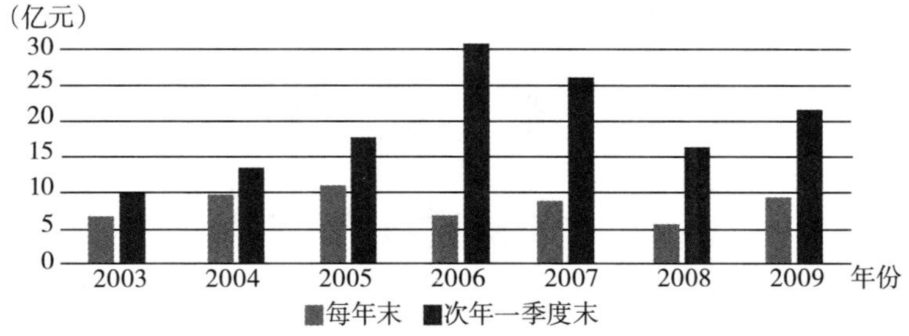

图2－4 2003—2009年格力年末及次年一季度应收账款
数据来源：已披露财务报告数据计算所得。

董明珠时期的产销均衡

2012年5月，朱江洪退休，董明珠接掌格力。以产销均衡的视角，我们来看看格力，到底是在肆意挥霍吃老本，还是踏踏实实地持续成长。

（一）产销均衡第三阶段：2012—2018 年

在第三阶段，格力利用经销商淡季压货，逐步推动空调全行业产销均衡，因内容过多，在第五章详细分析。

2015 年国内经济不景气，行业库存高企且出现凉夏，空调行业进入低迷期。上半年美的空调出货平稳，下半年（即 2016 新冷年开盘）渠道开战，格力开始发力，把美的下半年出货额、毛利率、销售返利余额打得全部跳水，见图 2－5，美的 2015 年下半年收入骤降。

从产销均衡的角度看，这种销量跳水会导致下游渠道和上游供应链混乱，破坏经销商、供应商生产经营稳定性，增加产品成本，对长期品质和品牌的积累非常不利。

因此，以目前格力在渠道、供应链的竞争优势，在技术领域不发生突变的情况下，单以空调而论，美的和海尔没有反超的机会。

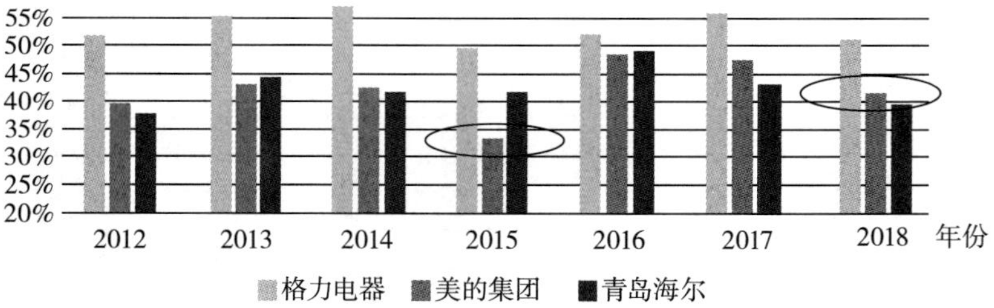

图 2－5　2012—2018 年各公司下半年空调收入占全年空调收入比例

数据来源：已披露财务报告数据计算所得。

表 2－8　2012—2018 年各公司下半年空调收入占全年空调收入比例（%）

年份	2012	2013	2014	2015	2016	2017	2018
格力电器	52	56	57	50	52	56	51
美的集团	40	43	43	34	**49**	**48**	**42**
青岛海尔	38	44	42	42	**49**	**43**	**40**

数据来源：已披露财务报告数据计算所得。

（二）神来之笔：“黄牛经销商”

格力共有27家区域销售公司，通过淡季返利政策，吸引它们淡季进货，进而均衡产销，这是格力的传统模式。

每家区域销售公司根据自己的需求向格力下订单，但各地销情不同，在各自为政的情况下，实现整体均衡是有难度的。但如果指导少数几家实力雄厚、信得过的区域公司进货，站在公司整体甚至全行业层面削峰填谷，就容易多了，这些“黄牛经销商”是神来之笔。

由表2－9、表2－10可知，2012年后，即董明珠掌舵后，河南、浙江、河北下半年进货比例增加，存货周转天数下降，产成品比例下降，产销均衡进一步完善。这是明显的、人为的削峰填谷，自此格力进入产销均衡的第三阶段，平衡空调全行业产销波动，将在第五章详细分析。

董明珠在利用河南、浙江、河北等区域公司削峰填谷，升级产销均衡。但是，天下没有白吃的午餐，逆周期进货是要承担风险的，见表2－11，逆周期进货加码的同时，销售返利余额剧增，600亿元的销售返利就是它们最大的安全垫，当然也会有其他小恩惠。销售返利的经济内容在第三章详解。

成本是为了收入，格力“包养”几个区域公司，换取产销均衡的升级，进一步攫取供应链的分工之利。格力2012年净利率7.5%，提升到2018年的13.3%，业绩有目共睹，这是顶级的经营智慧。

表2－9　2012—2018年格力电器存货情况

年份	2012	2013	2014	2015	2016	2017	2018
存货周转天数（天）	85	68	44	49	46	47	48
存货中产成品比例（%）	60	44	46	47	53	57	48

数据来源：已披露财务报告数据计算所得。

表 2－10　2012—2018 年格力区域销售公司下半年进货额同上半年比值

年份	2012	2013	2014	2015	2016	2017	2018
河南公司	1.12	1.46	1.32	1.55	1.57	1.28	0.99
浙江公司	1.38	1.76	2.24	1.42	2.08	2.19	1.54
河北公司	—	—	—	0.53	1.06	2.69	—

注：2018 年河南公司比值下降，是因其上半年进货额太多所致。

数据来源：已披露财务报告数据计算所得。

表 2－11　2012—2018 年格力电器经销商销售返利余额　单位：亿元

年份	2012	2013	2014	2015	2016	2017	2018
返利余额	143	288	467	531	582	595	619

数据来源：已披露财务报告数据计算所得。

这里顺便解答第一章“预收账款”的问题。为什么 2018 年末预收款比例下降到了同行的水平？这是否是格力销售渠道竞争力下滑的信号？自然不是，由于“黄牛经销商”的指导动作，直接造成了预收账款的经济内容失真，2018 年末预收款比例大幅下降，但 2019 年前三季度经营业绩依然蒸蒸日上。

结　语

综上，董明珠在接任后，将格力的产销均衡带到了新的高度，并没有偏离既有轨道。20 多年来，面对空调行业淡旺季销情的巨大差异，格力通过上述一系列努力，独自解决行业的关键难题，打造其坚不可摧的“护城河”，投资回报率是超卓的。

第三章　600 亿元巨额销售返利的秘密

如表 3 – 1 所示，截至 2018 年末，格力应付销售返利余额已有 619 亿元，远远高于美的、海尔。巨额销售返利背后的经济内容到底是什么?

本章将示范通过销售返利余额，横向比较格力、美的、海尔的企业竞争力，纵向判断格力的竞争力变化，展现什么是真正的投资分析。

表 3 – 1　2015—2018 年白电企业销售返利情况

年份		2015	2016	2017	2018
销售返利余额（亿元）	格力电器	**531**	**582**	**595**	**619**
	美的集团	138	162	172	196
	青岛海尔	62	95	109	124
销售返利余额/家电收入（%）	格力电器	**45.6**	**70.1**	**67.8**	**50.4**
	美的集团	11.0	13.1	12.2	10.1
	青岛海尔	8.8	13.6	10.9	9.0

数据来源：已披露财务报告数据计算所得。

销售返利的生意逻辑

产销波动是各行各业面临的普遍难题，或有季节性、或高或低，波动导致整个供应链的浪费，最终都要由消费者埋单。因此，如何稳定销售渠道，维持月均产销量，是企业共同的诉求。销售返利则是解决产销波动的重要手段。

（一）销售业务员的类比

销售返利过于抽象，读者可能不明白其稳定销售渠道的意义，我举个例子帮助大家理解。

以销售业务员的收入结构为例，大概有三类，一是基本工资，按月发放，公司若不及时发钱，员工日子就过不下去了。二是提成激励，如季度奖、年终奖等，这些绩效奖金有立刻发放的，也有延时发放的。三是储备基金类，如某些业绩好的公司有职工保障基金，在工伤、疾病、子女教育、重大变故时，给予保障性支付，免除职工的后顾之忧。这些意外短期看是偶然事件，长期看是必然事件。

正常经营时，在各种奖金激励下，优秀的业务员卖力销售，即使有各种不满，想着年底还有一笔大红包，也要等拿到年终奖再走，因此拿到奖金后是辞职的高峰期。如果没有年终奖，绩效奖励平时就发放了，业务员权衡离职的收益大过成本时，就会立刻辞职。年终奖的意义在于增加离职成本，减少业务员流失，从而稳定销售规模。

行业严寒时，市场需求骤降，量价齐跌，销售提成随之下降，货也不好卖。业务员也要生活，吃不饱饭怎么干？权衡利弊后，不行就辞职呗！如果这时公司拿出多年积累的奖金，按照每月业绩额外补贴一份奖金，直接提高业务员留在公司的收益，业务员流失就会减少，从而稳定销售规模。

对应空调行业的经销商，第一项基本工资是经销商的批发零售价差，终端货物周转，现金落袋。第二项提成奖励，是经销商在卖货之外，还要积极完成销售任务，不仅考核销售额，还有品牌维护、渠道秩序等，按月考核，计提返利，有立刻兑现的，也有延后发放的。第三项是经销商的返利保障，经销商靠批零价差的基本工资生活，但销量、售价受同行竞争、市场需求变化、新品上市等影响，难免有意外。如果没有返利支持，行业需求骤降，经销商连基本工资都无法保障，生活维持不了，还不得脱网跑路？渠道又如何稳定？渠道不稳定，对整个供应链的产销均衡将是毁灭性打击。未来随着消费升级，新品迭出，行业需求波动越多，越需要通过返利来保障经销商的“基本工资”。

销售返利，从业务员薪酬的角度看，是不是很清晰？业务员的薪酬结构与经销商的销售返利安排如出一辙。

回到格力的情况，假如遭遇行业寒冬，量价齐跌，格力可以允许经销商在提货时使用更多的销售返利，即用更少的现金拿到更多的货。如此，可以极大地缓解经销商的现金流压力，增强渠道稳定性，避免在行业低迷期出现大面积脱网。619 亿元的巨额销售返利，即使再来一次金融危机，格力的销售渠道也能安然度过。

（二）美的、海尔为什么学不好

计提销售返利看似简单，但不是哪个企业都有能力且有意识储备的。经销商是做买卖赚钱，该给的钱不给，或拖延给，那是要“造反”的，所以必须在保证经销商吃饱喝足后，降低主机厂的当期盈利，为经销商和自己积满“储钱罐”。

沿用业务员的比喻，公司要先保证业务员的正常收入，之后有多余的盈利，才可以储备奖金。不仅要有丰年备荒的意识，还要有足够强的赚钱能力，不然饭都吃不饱，哪里有多余的粮食拿来储备。比如，老板电器在前几年大赚特赚时，没有丰年备荒的意识，2017 年以来，油烟机行业竞争加剧，业绩停滞不前。

由表 3－1 可知，美的、海尔也有销售返利，但金额远远逊于格力，这说明同行们心有余而力不足。维持业绩增长都有困难，哪有余力填充“储钱罐”？这可是要降低当期利润的，如何跟股东、机构们交代？

验证：2015 年空调行业寒冬

回到空调行业，看看行业衰退对生意的影响，并以 2015 年空调业寒冬时期三家企业的经营表现为例，说明销售返利的生意逻辑。

（一）行业衰退的生意情景

行业衰退带来的产销量急剧萎缩，会对渠道、供应链造成严重的破坏。

正常经营时，大家按部就班。主机厂制订销售计划，给渠道下达当年销售任务，既有量也有价的要求；同时，根据计划安排生产，向供应商下订单，采购量决定采购价，量大价低，量小价高。

行业严寒时，市场需求骤降，量价齐跌。渠道即使降价亏损出货，销量也要大降，一旦出现现金流亏损，且扭亏无望时，经销商便开始大面积脱网，如此主机厂的销量将雪上加霜。年初给供应商的订单量肯定是无法完成了，主机厂既想减少采购量，又想让供应商降价共克时艰，搞得供应商苦不堪言，逼急了只好以次充好，完成主机厂的降价要求。

（二）行业寒冬的经营表现

2015 年空调行业库存高企叠加凉夏，由表 3－2 可知，行业进入低迷期，上半年美的空调出货稳定，下半年即新冷年开盘，格力开始发力。即使是行业寒冬，格力依然行有余力，销售返利余额只是增长放缓，就把美的下半年空调出货额、毛利率、销售返利余额全部打得跳水，企业高下立见。

表 3－2　2015 年各白电企业上下半年空调业务变化

	格力电器	美的集团	青岛海尔
上半年空调收入（亿元）	420	428	94
下半年空调收入（亿元）	459	217	68
下半年/上半年空调收入（%）	109	51	72
上半年毛利率（%）	31.3	30.2	29.5
下半年毛利率（%）	37.9	24.3	26.5
相比上半年的毛利率变化（%）	**+6.6**	**−5.9**	**−3.0**

续表

	格力电器	美的集团	青岛海尔
年初销售返利余额（亿元）	467	134	33
年中销售返利余额（亿元）	493	149	37
年末销售返利余额（亿元）	531	138	33

注：美的、海尔销售返利余额为所有家电业务的总和。
数据来源：已披露财务报告数据计算所得。

美的下半年出货额是上半年的1/2，毛利率相比上半年减少5.9个百分点，销售返利余额年末相比年中下降11亿元。这三个数字的变化意味着什么？我为大家描绘一下经营画面：

经销商。美的降价出货，经销商手里的库存出现亏损，同时开始消耗过去积蓄的销售返利，降低现金流支出。可在如此情况下，销量仍然骤降50%（估算），库存高企且亏损，只能是痛苦不堪。

供应商。美的出货量骤降50%，毛利率随之下降，要求供应商共克时艰一起降价，可年初的价格是按计划采购量商定的，订单量骤降竟然还要求降价，供应商苦不堪言，逼急了只能以次充好完成降价要求。

这就是销售返利稳定渠道的实际运用范例。这种跳水会导致下游渠道和上游供应链混乱，破坏经销商、供应商稳定性，增加产品成本，对企业长期品质和品牌声誉的积累非常不利。

（三）亏钱也要进货

网上一位格力经销商吐槽："2015年8月，格力开盘，大家哗啦啦打款，结果开盘价一下来，大家有点发蒙，平时卖3000元的空调，这次开盘价3500元。公司就给大家说，你们必须按3500元开，后面如果空调卖便宜了补价差。大家只好照办，后面这差价快要一年了才基本补齐。"

天下熙熙，皆为利来，高价进、低价卖，格力经销商竟然都同意了，这是为什么？因为他们相信格力承诺的返利一定会兑现。2013—

2014 年白酒寒冬期，茅台经销商也是赔钱卖货，出现大面积亏损。但他们也是依然坚守，因为他们相信暂时的困难终究会过去，后来也确实等到了。格力没有茅台强大的品牌优势，但格力有 619 亿元的销售返利余额，可以在危机中力挽狂澜。

从销售返利看“护城河”拓宽

由表 3－3 可知，2010—2014 年，格力的收入、毛利率快速增长，明显留有余力，主动降低当期盈利，为自己和经销商储备“销售返利”，由此可知格力的“护城河”在快速拓宽。

2015—2016 年，格力经历行业寒冬，收入下降，毛利率继续上升，依然有余力继续储备“销售返利”，说明其即使在行业不景气时，“护城河”仍在拓宽。

2017—2018 年，空调行业回暖，格力收入恢复增长，毛利率继续提升，销售返利余额已接近 600 亿元的天量，“储钱罐”已经不需要继续填满了，“护城河”的拓宽开始体现在毛利率里。

表 3－3　2010—2018 年格力业绩、返利增长情况

年份	营业收入（亿元）	**毛利率减销售费用率（%）**	销售返利余额（亿元）
2010	608	**7.7**	78
2011	835	**8.4**	83
2012	1001	**11.7**	143
2013	1200	**13.5**	225
2014	1400	**15.5**	467
2015	1006	**17.0**	531
2016	1101	**17.7**	582
2017	1500	**21.7**	595
2018	2000	**20.7**	619

数据来源：已披露财务报告数据计算所得。

2019 年“双 11”空调价格战

2019 年“双 11”购物节，格力突然发布特价优惠活动，将定频空调降至 1399 元，变频空调降至 1599 元，在 11 月 27 日又发布延续这一优惠价格。

此价很低，甚至低于奥克斯的低端机型，即使格力拥有绝对的成本优势，也使格力经销商的批零价差几乎消失，可推断其他竞争对手批零价差已经倒挂。经销商卖货不赚钱，等于基本工资都没了，生活保障不了，渠道还怎么干活？此时，主机厂必须补贴渠道。要么让自己的利润表巨亏，拿钱补贴；要么渠道脱网撂挑子。不论哪种情况，突如其来的产销量骤降，将会给上游供应链带来破坏性的打击，造成产品成本急升。这对于长期的品质和品牌积累非常不利，应该说是高水平的商业战役。

总之，谁的返利储备量大（过去已计提，使用返利不影响利润），谁就能把竞争对手连同其供应链一起“推下海”。

结　语

本章讲解了销售返利的经济内容，示范了如何横向、纵向判断企业的竞争力，同时介绍了销售返利在行业寒冬期实现产销均衡和打击对手供应链的作用。2019 年末，空调行业硝烟再起。格力如何独战群雄，逆流而上？我们拭目以待。

第四章　275 亿元“非正常收入”到底是什么

其他业务收入，“其他”二字代表“非正常”，阅读报表时没人会在意。这样一个不起眼的会计科目，背后却隐藏着关键的生意内容。

2018 年，格力其他业务收入为 275 亿元，披露其为材料销售收入、废品销售收入等，但显然格力不是卖废品的。如表 4－1 所示，美的的这个收入也有 187 亿元，其他白电企业均有不小的其他业务收入，可见这是行业的普遍现象。

表 4－1　2018 年各白电企业其他业务收入情况

	格力电器	美的集团	小天鹅	海信家电	长虹美菱
其他业务收入（亿元）	275	187	19	32	10
占主营业务收入比例（%）	**13.9**	**8.0**	**8.2**	**9.0**	**5.9**

数据来源：已披露财务报告数据计算所得。

从销售废品的角度考虑，明显说不通。其他业务收入背后的生意内容到底是什么？表 4－1 从左到右，其他业务收入占主营业务收入比例仿佛是依次降低。格力、美的在空调品质上显然好于长虹，上述排列顺序和品牌的含金量似乎有关联。为什么格力其他业务收入占主营业务收入比例要比美的等品牌高得多呢？本章来回答以上问题。

其他业务收入的生意内容

以格力为例，其他业务收入产生的环节是，格力为自己的供应商采购原材料，并转售给供应商，供应商将其加工成零配件销售给格力。格力是主机厂，是供应商的甲方，甲方供应原材料，简称“甲供”。举几个生活里类似的例子帮助大家理解。

（一）海鲜市场、裁缝师傅的“甲供”

很多城市的海鲜市场旁边，通常有配套的海鲜餐饮区，顾客可以自行采购鲜活海鲜前往餐厅就餐，店里只收加工费，这就是“甲供”。原因是海鲜保质期短、易损耗，餐厅自己备货大量海鲜，远不如由海鲜市场来储备各类海鲜便宜，所以海鲜市场的周边饭店，普遍存在海鲜“甲供”现象。

多年以前，各地都有裁缝师傅，顾客可以在店里买布料定做衣服，也可以自带布料，这也是“甲供”。好处与海鲜市场类似，裁缝店小，产销量不足，若储备过多面料，成本过高。

（二）装修行业的“甲供”

装修行业普遍存在“甲供”，业主买主材，装修队买辅材。业主自己买材料给装修工头铺装就是“甲供”，如瓷砖。

主材是指对装修外在观感有直接影响的建材，如瓷砖、门窗、灯具等，辅材就是河沙、水泥等建材。

辅材方面，对装修外在观感的影响很小，谁的采购成本低谁负责，这样节省大家的成本。装修工头对辅材品质、采购渠道熟悉，且日常采购量大，因此由装修工头采购更划算。

主材方面，业主对各类主材品质不熟悉，对采购渠道也不了解，并且业主还要上班，按理说业主采购主材是不合算的，那现实中为什么普遍是业主自己采购主材呢？我想一定是在某些地方节省了更重要的成本。业主更了解自己和家人的喜好、采购预算等，主材对装修观感又特别重要，因此两相权衡之下，业主采购主材成本更低，“甲供”便出现了。

（三）家电行业的“甲供”

格力、美的本质上是“装修房子的业主”，因此对其装修观感有重要影响的材料要自己买。

仅就采购原材料而言，格力、美的每年的采购量非常大，上游供应商也很大，双方对采购价、材料质量都非常了解，不像业主与装修工头对产品的认知的差距那么大，如水泥标号、钢材、铜材规格等。

因此，家电行业的“甲供”，与装修行业不同，不是由对原材料质量和价格了解程度的差异导致的，是为了确保生产中使用符合甲方要求的原材料。

原来由供应商采购原材料，现在主机厂要跳过供应商单独采购，这样会增加主机厂的成本。支付成本是为了获取收入，没有收入，谁去搞这么复杂的“甲供”？主机厂的收入是产品质量的提升。

空调有很多零配件，如风叶、钣金件、电线组等，这些零配件都涉及原材料，而原材料对产品质量有显著的影响，则甲方一定要确保产品里的零部件是由约定的原材料生产的，所以出现了“甲供”。

以格力2018年度为例，275亿元的其他业务收入，其家电制造成本里的原材料成本为955亿元，原材料成本里包含供应商的毛利、人工、折旧、能耗等，因此只算原材料的话，“甲供”比例大概在40%以上，即格力的“甲供”安排已经覆盖了供应链40%以上的原材料采购。

坊间有个真实的笑话：收废品的最喜欢收格力空调，因为分量重，每一个零部件都比其他品牌重一点点，整体上就重得多了。

由表4－1可知，国内家电企业普遍存在“甲供”安排。“甲供”是我国家电企业在漫长的竞争过程中摸索出来的，是质量控制的重要经营安排，这就是其他业务收入背后的生意内容。

验证：供应商披露的“甲供”

回到真实世界，看看格力、美的的供应商们描述的“甲供”，以便更好地理解。

（一）日丰股份

日丰股份主要产品为空调连接线组件、小家电配线组件等电缆。日丰向格力电工（格力全资子公司）采购 8.0mm 铜杆（主要原材料），并向美的、格力、海尔、奥克斯等销售空调连接线组件、小家电配线组件。“甲供”安排主要情况如下：

格力电工通过贸易的方式从上游厂商（如中船重工、江西铜业）采购铜杆，并转销给日丰，日丰以此铜杆为原材料生产家电线缆等。

表 4 –2　2016—2018 年日丰电缆 8.0mm 铜杆采购金额及比例

年份	2016	2017	2018
8.0mm 铜杆向格力电工采购金额（亿元）	2.98	5.70	7.17
8.0mm 铜杆向格力电工采购比例（%）	**90.7**	**95.1**	**99.0**
8.0mm 铜杆占总采购比例（%）	47.3	58.8	62.3

数据来源：已披露公开转让说明书。

电线电缆的主要原材料为铜材，由表 4 –2 可知，日丰向格力电工采购 8.0mm 铜杆的金额、比例持续上升，日丰的主要原材料——8.0mm 铜杆几乎全部由格力电工供应。

结合表 4 –3 可知，格力不仅在为自己“甲供”，也为日丰大部分客户提供了“甲供”。

表 4 –3　2018 年日丰主要销售客户情况

客户名称	销售内容	销售额（亿元）	占营业收入比例（%）
格力电器	空调连接线、小家电配线组件	3.89	25.0
美的集团	空调连接线、小家电配线组件	3.75	24.2

续表

客户名称	销售内容	销售额（亿元）	占营业收入比例（%）
奥克斯空调	空调连接线组件	0.56	3.6
TCL 集团	空调连接线、小家电配线组件	0.52	3.3
海信科龙	空调连接线、小家电配线组件	0.34	2.2
青岛海尔	空调连接线组件	0.27	1.7
合 计		9.33	60.0

数据来源：已披露公开转让说明书。

（二）协诚股份

协诚主要产品为白色家电钣金件，如空调钣金件、冰箱钣金件、抽油烟机钣金件等。

钣金件的主要原材料为钢材卷料，由美的、格力代为采购，实行调拨制度，协诚通过信息系统平台向美的制冷、芜湖格力等客户下单订货。结合表 4－4 可知，美的、格力在同一个供应商里安排“甲供”。

表 4－4　2018 年协诚股份前两大客户及供应商

	美的集团	格力电器
销售额（亿元）	1.07	0.24
占总销售额比例（%）	66.7	15.1
采购额（亿元）	0.75	0.15
占总采购额比例（%）	64.8	12.5

数据来源：已披露财务报告数据计算所得。

格力的“甲供”比例为什么最高

“甲供”是主机厂与供应商分工合作的一种创新，“甲供”安排是有成本的，采购品类越多，成本越高。收入与成本一定是匹配的，即“甲供”带来的收入，在边际上一定跟“甲供”成本的边际上升相等。

格力产销量已经 24 年处于国内第一，且淡季压货生产维持产销量稳定，即格力的采购量最大且最稳定，这说明格力“甲供”成本是最低的，且原材料采购价格最低，所以格力能够承担的“甲供”品类是最多的，甚至在部分供应商里淘汰了其他品牌的“甲供”。

格力产销量最大且最稳定，就是格力“甲供”比例最高的原因，也是多年来格力产品质量领先的原因。

（一）验证：日丰股份

2018 年，格力只占日丰 25% 的销售额，却向日丰供应了几乎全部的铜杆原材料。这意味着格力“甲供”的价格优势很强，物美价廉，已经淘汰了其他家电品牌的“甲供”。

（二）验证：协诚股份

2018 年，美的是协诚第一大客户及供应商，销售额和采购额均占比 60% 以上，格力采购额只占不足 15%。在如此大的差距下，美的却无法淘汰格力的“甲供”。这说明，要么是美的采购钢材的价格相比格力没有绝对优势，要么是格力采购钢材的品质与美的不同。

综上，前文提及的收废品笑话，格力空调每一个零部件都比其他品牌重一点点，就是格力“甲供”比例最高在产品里的体现。

服装行业的“甲供”

真正的生意知识是放诸四海皆准的，再来看看服装行业的“甲供”。

（一）服装行业“甲供”的生意内容

服装行业生产模式主要有三种，分别是自制生产、定制生产、委托加工。

自制生产，指服装厂自主设计、选定生产样板，自行采购面料、辅料，组织生产。

定制生产，指服装厂负责设计、选定生产样板，向供应商提供产品样板和工艺技术指标，并要求其向指定的厂家采购面辅料，服装厂安排人员对供应商生产进行监督。

委托加工，则由服装厂提供生产所需面辅料，即“甲供”，其他环节与定制生产完全一致。

支付成本是为了获取收入。委托加工模式下，服装厂额外代替供应商采购面辅料，明显是为了确保产品质量的经营安排。因为生产高档服装需要使用很多独特的面料，为了保障品质，服装厂亲自订购，并安排人员监督生产。

以此推论，高档服装生产中的“甲供”比例应该更高，反之亦然。

（二）女装品牌验证

A、H股中上市的服装品牌很多，为了避免男装、童装、自制生产的干扰，笔者选择以生产女装为主的4个国内品牌，外加国际奢侈品牌普拉达，主要情况如表4－5所示。

表4－5　五家女装品牌企业外协生产情况

公司名称	外协生产中的“甲供”比例	外协生产比例	羊毛大衣平均价格（元）
普拉达	约100%	约80%	29000～34000
玛丝菲尔	约59%	约75%	3000～9000
江南布衣	约45%	100%	1500～4000
地素时尚	约34%	100%	1000～4000
拉夏贝尔	约1%	100%	500～1000

注：1. 普拉达产品主要为皮具用品、成衣、鞋履，其中成衣仅占28%左右；
2. 国内品牌商品价格取自天猫旗舰店，普拉达取自其网站；
3. 外协生产比例及其“甲供”比例为各公司招股说明书报告期的平均数。
数据来源：已披露公开转让说明书及财务报告。

由表4－5可知，随着品牌单价的降低，外协生产中“甲供”的比例也在下降。高档服装的时尚元素需要通过面辅料的差异去表达，不能使用普通货品，因此“甲供”与否，是质量控制的重要经营安排。

结　语

“甲供”比例数字显示格力供应链分工程度远胜同行，一切得益于产销平衡的良性循环。在一个不起眼的其他业务收入科目里，有着如此精彩的生意内容，但如果你没有生意的视角，就什么都看不到。

第五章　借鸡下蛋：格力平衡全行业产销波动

在第二章，我们从产销均衡的视角解读了格力 20 多年来的发展历程。目前的第三阶段，格力以神来之笔，指导“黄牛经销商”压货，人为地削峰填谷，平衡全行业订单波动，将产销均衡提升至新的高度——空调全行业。

试想一下全行业产销均衡带来的价值，还是以传统出租车生意为例。传统巡游的揽客生意在互联网技术的加持下，变为通过互联网接单，直接提升了出租车（含快车）的产能利用率，同时，更深入的产销均衡，也随之创造出新的生产方式，如顺风车、拼车等。目前滴滴生意的估值约 200 亿～500 亿美元（网上说法不一，仅供参考），原有业务的增量之利，叠加新生产方式的增量之利，就是行业产销均衡提升所创造的价值，即滴滴市值。

当然，不同程度的产销均衡，带来不同的价值提升。空调全行业产销均衡提升，带来的边际变化，确实不如出租车行业，但格力独自平衡全行业共享供应链的产销波动，增量的价值被其独吞，无疑是超级企业。由表 5 – 1 可知，2018 年美的空调业务营业利润约为格力空调的 40%，这就是两公司产销均衡差距在利润表上的体现。

表 5 – 1　2018 年格力电器、美的集团空调业务对比　　单位：亿元

	格力电器	美的集团
空调业务收入	1832	1238
空调营业利润	约 300	113

数据来源：已披露财务报告数据计算所得。

本章以空调上游供应商——日丰股份、江西铜业为例，讲述格力如何一步步平衡空调行业共享供应链产销波动，以及产销均衡深化后带来的增量之利，这一系列经营内容堪称震古烁今。

格力加工费价差节节攀升

表 5 –2　2016—2018 年日丰电缆采购铜杆加工费情况　　单位：元/吨

时间	铜杆品牌	格力电工加工费	上游企业加工费	**格力电工赚取的差额**
2016 年 4—7 月	中船重工	850	800	**50**
2017 年 3—12 月	中船重工	780	700	**80**
2018 年 6—12 月	江西铜业	800	700	**100**

注：1. 加工费指上游企业在铜期货基准价格上，向客户收取的铜杆加工费用。
2. 江西铜业铜杆品质较中船重工高，加工费通常高 100 ~ 200 元/吨。
数据来源：已披露财务报告数据计算所得。

由表 5 –2 可知，上游企业加工费逐渐下降，在 2018 年下半年以同样价格更换成品质更高的江西铜业，与此同时，格力赚取的加工费价差节节攀升。

表 5 –3　2016—2017 年日丰电缆空调连接线组件供货份额

客户名称	2016 年			2017 年		
	客户产量（万台）	日丰销量（万条）	**供应量占比（%）**	客户产量（万台）	日丰销量（万条）	**供应量占比（%）**
美的集团	2535	1053	**41. 53**	3488	1875	**53. 76**
格力电器	3680	1167	**31. 70**	4598	1438	**31. 28**

数据来源：已披露公开转让说明书。

由表 5 –3 可知，日丰供应格力比例基本不变，供应美的比例在上升，意味着对美的而言，日丰产品物美价廉，性价比在提升，对其依赖性提升。

结合以上分析可知，上游企业供应的铜杆持续降价，性价比提升，日丰、美的均加大采购比例，格力采购比例不变，而赚取的加工费价差却在持续增加，这意味着中船重工、江西铜业降价供货是格力的功劳。那么，格力究竟做对了什么？

铜杆生产成本持续下降

从铜精矿到铜杆，生产过程主要有三部分：熔炼、精炼、连铸连轧。熔炼炉以高温冶炼成粗铜（纯度99%），粗铜投入阳极精炼炉冶炼成阳极铜（纯度99.5%），阳极铜投入电解槽中电解沉积出阴极铜（纯度99.97%以上），阴极铜连铸连轧加工成铜杆。

上述生产需要投入大量的固定资产，成本结构中折旧比例高，且熔炼环节因火法生产能耗高，不能随意停产，因此，生产线的产销均衡（即开工率）对铜杆生产成本至关重要。

上半年是空调的生产旺季，正常情况下，满足上半年铜杆需求的产能，在下半年会有闲置，多余的铜杆卖给谁？不论是选择寻找仅在下半年有需求的新客户、产能闲置，还是持续生产堆库存，额外的成本只能由客户承担。同样地，谁能提供全年产销均衡的采购订单，供应商自然也要额外向其让利。

这就是铜杆采购加工费持续下降的原因，同时，格力赚取的加工费价差节节攀升，意味着产销均衡的订单来自格力。同样是生产空调，格力如何做到全年稳定采购？

借鸡下蛋：空调行业的产销均衡

表 5－4　2012—2018 年各公司下半年空调收入占全年空调收入比例（%）

年份	2012	2013	2014	2015	2016	2017	2018
格力电器	52	56	57	50	52	56	51
美的电器	40	43	43	34	**49**	**48**	**42**
青岛海尔	38	44	42	42	**49**	**43**	**40**

注：2015、2018 年下半年为空调行业需求低迷期。
数据来源：已披露财务报告数据计算所得。

2012 年起，董明珠执掌格力。由表 5－4 可知，格力与行业内其他企业的销售分布明显不同，美的、海尔上半年旺季收入高，而格力恰恰相反，下半年收入高。结合格力在业内的销售规模来看，格力独自平衡了空调行业上下半年的产销波动，实现了行业共享供应链的全年稳定排产。反观美的、海尔，3 年以来产销失衡逐年扩大，这就是美的空调不得不执行“T＋3”变革的原因。

表 5－5　2012—2018 年格力区域销售公司下半年进货额同上半年比值

年份	2012	2013	2014	2015	2016	2017	2018
河南公司	1.12	1.46	1.32	1.55	1.57	1.28	0.99
浙江公司	1.38	1.76	2.24	1.42	2.08	2.19	1.54

数据来源：已披露财务报告数据计算所得。

表 5－6　2012—2018 年格力电器经销商销售返利余额　　单位：亿元

年份	2012	2013	2014	2015	2016	2017	2018
返利余额	143	288	467	531	582	595	619

数据来源：已披露财务报告数据计算所得。

由表 5－5 可知，2012 年以来，河南、浙江省代加大了下半年的进货量，淡季压货力度显著增强，协助格力平衡全行业产销波动。无利不起早，谁也不会“无私奉献”。由表 5－6 可知，对应 2012 年以来销售返利余额急升，说明格力淡季压货的返利幅度大增，让利经销商，并为其提供安全垫。

如此，格力借用美的、海尔等空调企业的淡旺季订单，以其强大的经销商渠道优势，反其道而行，淡旺季逆转排产，取得行业供应链的全年稳定采购订单，实现借鸡下蛋。

增量之利：淘汰同行“甲供”意义非凡

以日丰为例，格力凭借其量大、稳定的订单在江西铜业拿到低成本铜杆，淘汰了其他家电品牌的“甲供”，这等于美的、海尔等同行在出钱补贴格力生产。

2018 年，格力其他业务收入 275 亿元，可以想象格力在各个零部件领域复制着日丰的“甲供”模式，凭借其量大、稳定的行业订单，促进行业共享供应链产销均衡、深化分工，全行业因此而受益，美的等同行对格力的依赖在加强。同时，产销均衡由格力实现，自然是格力获取绝大部分的增量分工之利。

更重要的是：格力在共享供应链里淘汰同行，同行的“甲供”范围和深度被格力限制，同行获取的分工之利也跟着受限，进而无法承受深化分工的额外成本，连同其独有供应链上的分工也被阻碍，如此，同品质的供应成本永远比格力高。

增量之利：应付账款知价

格力、美的应付账款对应日丰的应收账款。日丰招股书披露：2016 年至 2018 年末，其应收账款前 4 ~ 5 名均为格力系企业，2018 年末应收票据前 4 名均为美的系企业，两公司每年的采购金额接近，这意味着日丰给予格力的实际账期高于美的，与表 5 – 7 数据一致。

表 5－7　2015—2018 年格力、美的应付账款周转天数　　单位：天

年份	2015	2016	2017	2018
格力电器	143	136	117	97
美的集团	69	68	61	70

数据来源：已披露财务报告数据计算所得。

外协采购形成的应付账款经济内容是，主机厂试探供应商的成本信息，进而合理地降低采购价，凭借主机厂在指挥供应链排产中的主导地位，获取分工之利。

日丰近年来前两大客户为美的、格力，美的整体销售金额略高于格力，但即使如此，结合日丰的实际账期情况，可以判断，日丰给格力的售价一定更低，对格力的毛利率一定更低。

原因在于日丰披露的定价模式：公司在制定目标毛利时，主要追求单位时间效益最大化。即谁能在淡季填补产能，谁的订单量大、稳定，谁的订单时间弹性大，对日丰更有价值，自然可以获得更优惠的价格。

格力赚取加工费价差的价值提升，格力低价采购日丰线缆的价值提升，皆为格力平衡全行业各层级产销波动带来的增量之利。

结　语

综上，格力在空调供应链的经营安排震古烁今，行业竞争格局早已稳固，无法超越。同时，格力在渠道、供应链的竞争优势，也许是其未来在冰箱、洗衣机领域突破的大门。

第六章　产销均衡的分道扬镳：美的“T+3”的无奈之举

产销均衡是工业规模化生产梦寐以求的目标，美的也为此奋斗多年，但始终做不到，勉强压货，在行业寒冬时反受其害，由图6-1可知，美的、海尔2016年以来，产销失衡在逐年恶化。

2018年下半年空调行业遇冷，美的空调继2015年后又一次遭遇渠道库存困难。也许是痛定思痛，在2019年初，美的下定决心深化空调事业部“T+3”变革，缩减渠道层级（去代理商化），放弃压货促进产销均衡，转而选择终端销售带动生产的柔性生产模式。如此，美的进一步地背离产销均衡，与格力分道扬镳，实属无奈之举。

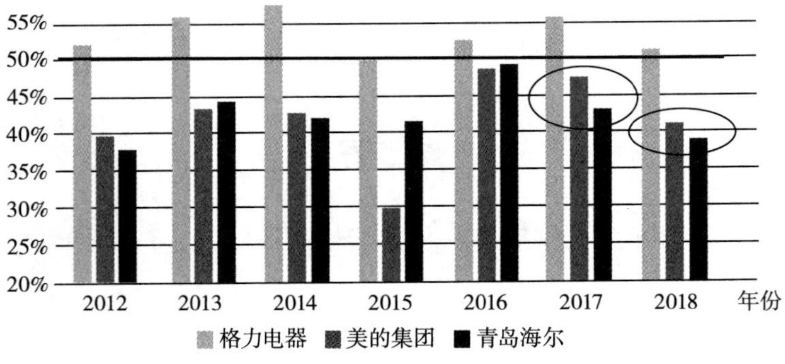

图6-1　2012—2018年各公司下半年空调收入占全年空调收入比例

数据来源：已披露财务报告数据计算所得。

本章继续从产销均衡的角度，分别拆解美的经营策略——“T+3模式、渠道缩减”，展现美的空调业务的一步妥协，进而步步妥协：不得不由供应商扛原料及零配件库存，不得不自己扛产成品库存。这一切都是“T＋3”带来的经营结果。这些也自然会体现到财务报表中。在本章，也将展示格力产销均衡与美的“T＋3”柔性生产在人员工资和产能布局上的差异。

什么是“T＋3”

2015年，美的集团提出“产品领先、效率驱动、全球运营”的发展思路，其中效率驱动，对库存问题提出睿智思考，并以“T＋3变革、一盘货、端对端”应对，期望降低库存，提升周转效率。

“T＋3”是把供应链分成集单、备料、生产、物流四个环节，T日从客户（零售商）下单开始算起，每个环节尽可能压缩天数，以最快的速度直接响应零售需求，即柔性生产。

美的推动“T＋3”变革，意在改变过去主机厂汇总省级经销商的订单大规模备产，再从主机厂到省代、到零售商层层压货的传统产销模式（追求产销均衡），转为直接汇总零售商的订单，多批次、小批量的柔性生产（T＋3），可参考图6－2。

“T＋3”模式有其优势，从小天鹅数据看，实施效果确实不错，但未必广泛适用。站在空调整个产业链的角度去思考效率，层层压货的传统产销模式并不过时。

美的“T＋3”的库存转移

美的很清楚格力向经销商压货以促进产销均衡，提升供应链稳定性的好处，但确实自己做不到，无法复制，不得已转而选择“T＋3”柔性生产模式，但这违背了空调行业的经济逻辑，只会赔了夫人又折兵。

要做到提前半年多向经销商压货，一是产品竞争力要强，完全不愁卖；二是要给予足够大的批零价差，拥有强大成本优势的企业才付得起高额让利；三是要有大量经过市场优胜劣汰的经销商。三者缺一不可，因此，今天的空调行业已无人可以复制格力模式。

（一）什么是库存

零售端需求有波动，难以预测，存在信息费用，因此库存不是越小越好，也无法完全消除。问题只是库存放在供应链哪个环节，成本更低。

放弃压货的稳定排产，执行柔性生产，意味着要么放弃大规模备产之利，整个供应链降低库存，响应终端需求波动时，整个供应链随之起伏（本月10万台，下月20万台），承受高昂的生产成本；要么保留大规模备产，将库存从销售渠道转移至上游供应商，以原材料、零配件的形态存在，参考图6－2。

如果库存只是从销售渠道转移到上游供应商，那么供应商备货由于缺少供需信息而多出的“浪费”，依然会导致整个供应链的成本上升，得不偿失。

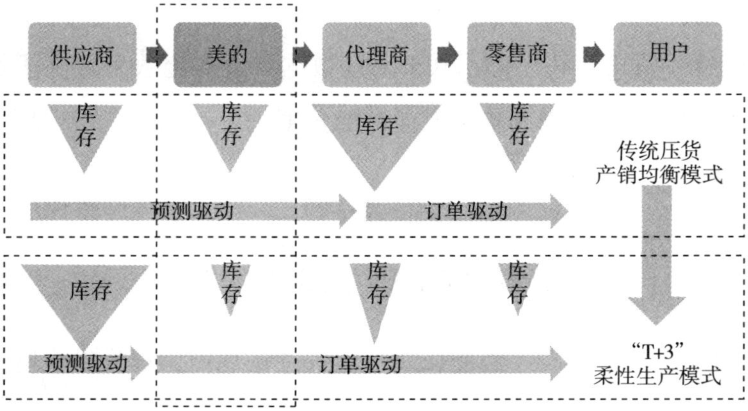

图6－2　美的集团“T＋3”改革前后“库存分布”及业务驱动

（二）小天鹅“T+3”的真实世界

洗衣机是美的最早执行“T+3”且成功的，因此，以小天鹅来学习“T+3”，远比听故事更真实。

表6-1 2012—2018年小天鹅库存周转、经营回报情况

年份	2012	2013	2014	2015	2016	2017	2018
营业收入（亿元）	69	87	108	131	163	214	236
原材料（亿元）	**0.52**	**0.43**	**0.34**	**0.22**	0.22	0.35	0.34
产成品（亿元）	9.2	7.9	6.1	7.6	**17.7**	**20.0**	**17.1**
存货周转天数（天）	**59**	**48**	**32**	**25**	37	42	39

数据来源：已披露财务报告数据计算所得。

由表6-1可知，小天鹅在2012—2015年收入规模逐年快速增长，其原材料库存却不升反降，同时存货周转天数也一直在下降，从经营结果来看，“T+3”实施效果不错。

但在2016—2018年，小天鹅产成品规模、存货周转天数突然跳升，在此期间经济复苏，需求增长，同时网上销售爆发，线上销售平台不备货，只能主机厂自己扛库存，小天鹅只能增加库存来应对终端零售需求。报表数据很诚实，过低的库存根本无法响应需求波动，美的库存数据亦是如此。

（三）转移的库存分布

小天鹅库存减少，周转效率提升，库存真的被消灭了吗？

表6-2 2013—2018年立义科技、协诚股份库存分布情况

年份		2013	2014	2015	2016	2017	2018
立义科技	美的业务占比（%）	87	87	89	89	77	72
	销售材料收入（亿元）	**0.05**	**0.07**	**0.08**	**0.16**	**0.44**	**0.45**
	产成品/存货（%）	74	72	**65**	**64**	**74**	**70**
	产成品周转天数（天）	—	59	48	**35**	**43**	**67**

续表

年份		2013	2014	2015	2016	2017	2018
协诚股份	美的业务占比（%）	71	83	91	86	67	67
	产成品/存货（%）	50	**47**	**72**	**70**	**60**	**68**
	产成品周转天数（天）	—	**41**	**66**	**94**	**62**	**68**

注：1. 立义科技为家电塑料件生产企业，其销售材料收入为原材料贸易业务，开展业务必须储备库存，其库存为原材料，因此2016年以后，为贸易业务储备的原材料会大幅增加，所以公司实际产成品占比高于表中数据。

2. 协诚股份为美的集团芜湖地区钣金冲压件制造商。

数据来源：已披露财务报告数据计算所得。

由表6-2可知，立义科技、协诚股份几乎为美的专属供货，美的自2015年执行“T+3”以来，两家公司产成品占比逐年上升，说明美的零配件库存已开始向上游供应商转移。

综上可知，真实世界里终端需求有波动，必须有产成品库存应对。同时，美的执行“T+3”，并没有完全放弃大规模备产之利，只是把渠道里的部分产成品，转换成上游供应商的零配件，但供应商并不掌握终端销情，备产库存效率较低，一定产生“浪费”。

另外，在某美的空调生产工厂里，淡季产量只有旺季的50%，供应链排产跌宕起伏，“T+3”额外的成本由谁来承担呢?

渠道缩减破坏产销均衡

2019年初，美的空调开始渠道转型，缩减线下渠道层级，去代理商化，并扩大网销比例。

（一）美的渠道缩减的实施效果

2019年上半年，美的家电类内销线下渠道销售477亿元，同比减少8亿元。结合冰箱、洗衣机、空调整体销售行情，可以合理推断，美的空调线下渠道收入是下滑的。

因此，缩减线下渠道层级本质是减少渠道商，但并未提效。同时，网上直销的扩张将进一步冲击线下渠道，短期内虽然提升收入、毛利率，但最终会损害线下渠道平衡产销的能力，进而破坏供应链稳定性。

美的空调产销均衡能力本就较差，渠道缩减后进一步恶化，可以预期2019年上下半年空调产销量差距也将扩大。

（二）自己扛库存增加成本

去代理商意味着美的将自己承担原代理商的分工职能，比如，自己为终端需求波动储备库存，自建全国配送的仓储物流体系，即“一盘货”。

表6-3 2015—2018年美的集团产成品及其周转天数情况

年份	2014	2015	2016	2017	2018
产成品（亿元）	118	81	**118**	**175**	**183**
产成品周转天数（天）	44	39	**35**	**38**	**44**

数据来源：已披露财务报告数据计算所得。

2015年起，美的集团开始“T+3”改革，之后重点发展线上销售，目前已达到内销的35%左右，同时缩减线下代理商。线上渠道不会接受压货，美的只能自己扛产成品，库存一减一增，相互抵消，见表6-3，产成品周转天数逐年上升，抵消了“T+3”的努力，最终产成品库存还是没有降低。

空调行业的最大特点是：受天气影响（每年高温时间不定），淡旺季销量差异巨大。前文已经论述，必须有库存应对需求波动，如果没有代理商扛库存，美的就必须自己扛库存，产量、型号、排产时间如何确定？放弃自负盈亏的代理商，意味着主机厂要靠自己预测销情，信息费用永远比竞争对手高，预测失误的成本会沿着供应链放大，损害排产稳定性，进一步破坏产销均衡。

"T +3"的工资与运输费损耗

"T +3"柔性生产必然会带来产销失衡，供应链排产也会跟着跌宕起伏，供应链上的生产要素也不可避免地增加额外成本，如员工、运输、设备等。

观察格力、美的2018年的职工薪酬总额，分别为105亿元、250亿元，差异巨大，显著偏离的现象里通常是有经济内容的。

（一）格力员工的无私奉献

表6 -4　2013—2018年格力、美的员工人均工资　　单位：万元

年份	格力电器	美的集团	**美的/格力**
2018	11.37	23.08	**2.03倍**
2017	9.80	24.62	**2.51倍**
2016	7.54	12.26	**1.63倍**
2015	7.59	9.68	**1.28倍**
2014	7.50	9.06	**1.21倍**
2013	7.16	8.48	**1.18倍**

注：美的职工薪酬自2016年7月开始合并东芝家电，2017年初起合并KUKA。
数据来源：已披露财务报告数据计算所得。

由表6 -4可知，两公司的人均职工薪酬在逐步拉大。都是家电企业，从城市平均工资、新建商品房售价看，理应珠海（格力）工资高于佛山（美的），这里为什么正好相反呢?

答案是异地建厂，北方省市工资是低于广东的。

异地建厂有两个约束，一是承接出口订单的工厂必须有航运便利，因此格力出口生产基地在珠海、芜湖、杭州；美的出口生产基地在顺德、广州、芜湖。二是量大、稳定的排产订单，每个工厂拥有独立的设备、员工以及部分供应商，产销失衡或订单不足，生产成本根本降不下

来，异地建厂反而不划算。

写到这里已经很清楚了，美的早年做不到产销均衡，后来直接转向“T+3”柔性生产，结合其更多依赖出口订单（见表6-5）平衡产销，主要产能根本无法离开广东。没有足够多且稳定的订单，如何在内地建设空调生产基地？见表6-6。

表6-5　2010—2015年格力、美的出口业务占比（%）

年份	2010	2011	2012	2013	2014	2015
格力电器	16.0	17.4	15.8	13.3	9.9	13.3
美的电器（退市）	**27.6**	**27.9**	**40.4**	**37.9**	**—**	**—**
美的集团	—	—	—	37.2	35.0	35.5

注：美的电器空调收入占比为65%~75%，更适合直接对比。

数据来源：已披露财务报告数据计算所得。

表6-6　格力、美的早年家用空调生产基地

格力电器	7个地区	珠海、重庆、合肥、郑州、武汉、石家庄、芜湖
美的集团	4个地区	（顺德、广州）、武汉、邯郸、芜湖

注：以上为2014年以前的生产基地，新工厂多为中央空调，不利于比较。

数据来源：已披露财务报告数据计算所得。

（二）美的空调有好多临时工吗？

美的人均工资高于格力，还有一种可能是“T+3”模式下产销波动，雇用了较多的临时工，统计了临时工的工资，但在职员工人数不包含临时工，因而影响了人均工资的数据。

有位自称前美的HR的网友留言说，美的整个暖通空调人数大概4万人，格力有8万多人，两公司产量差距不是很大，以此向我证明美的生产效率很高。

但我想，格力已实现产销均衡，员工效率应该不差，两家公司人均产量怎么会差距那么大？如果这位网友所说是真实的，八九不离十就是临时工了。

且不说临时工有培训费用，对生产质量有影响。广东经济发达，打工人员较多，易于招聘，如此，美的空调更加难以离开广东异地建厂。

（三）异地建厂的优势

异地建厂有两个好处，一是内地工资低，整体建设、配套供应链成本都比较低；二是距离销售市场更近，运费低。以上节约出来的资源，可以投入原材料，提升品质，或用于销售渠道补贴、安装师傅补贴，等等，如此，可以在产品竞争力上进一步拉开差距，进而良性循环。异地建厂的好处被格力的产销均衡充分享受。

“T + 3”真的那么美好吗？笔者认为，只是退而求其次的无奈之举。

结　语

多年来，美的不断地改革创新，但始终不如意，没想到最后放弃了产销均衡，虽说是无奈之举，但却与空调生意的逻辑背道而驰。

第七章　为梦想窒息：空调线上销售的神话

2018 年以来，空调行业不景气，格力、美的以外的企业，业绩出现了不同程度的下滑。一时间，空调“线上渠道颠覆传统渠道、T + 3 神话”等故事层出不穷，“为梦想窒息”的投资者纷至沓来。这世界从不缺少“贾跃亭的‘粉丝’”。

近几年，依靠线上销售快速增长的奥克斯，甚至一度超过海尔空调，俨然一副“老三”架势。线上渠道颠覆传统渠道的故事要成真了？我们还是以事实和逻辑说话，把梦想留给喜欢做梦的人。

消费者选择性价比最高的产品。企业之间的竞争是产品背后整个供应链的成本。线上渠道也好，传统渠道也罢，本质上都是销售渠道的一种，都是为了更好地销售产品。谁的成本最低，谁就在竞争中胜出，而不是比名字好听，比如，线上、新零售，等等。

本章以志高、奥克斯、海尔、格力、美的空调数据为例，展示志高空调在传统渠道下溃败的经营画面，提出空调行业产销不均衡的报表特征，再来对比奥克斯的经营现状，一同感受两者的殊途同归，聆听空调线上渠道的神话故事，并寻觅海尔黯淡的蛛丝马迹。

志高空调衰败的报表特征

2006 年前后，科龙系一批技术骨干“出逃”到志高，为志高带来了先进的产品技术和管理知识，志高也真正地迎来它的巅峰时刻。随后两年，志高空调市场份额穷追格力、美的和海尔，将科龙等品牌甩在身后，稳坐行业第四，甚至一度威胁海尔的老三位置。但后来志高逐渐衰落，淡出大众视野。下面我们来看看当年的报表，寻找衰败的痕迹。

空调淡旺季销量波动剧烈，争取产销均衡可以推动供应链提升产品品质，降低成本。内销利润率高于出口，但很多企业做不到淡季压货，只能退而求其次，选择外销。所以，优秀企业，如格力，更多地靠淡季压货平衡产销。差一些的企业，靠出口订单，越差比例越高。

表 7－1　2007—2011 年各空调企业出口业务平均占比

	志高控股	格力电器	美的电器	青岛海尔
出口业务平均占比（%）	**41.9**	17.4	31.6	25.7
2011 年空调收入（亿元）	**93**	835	648	121

注：美的电器、青岛海尔出口业务数据包含其他电器产品。

数据来源：已披露财务报告数据计算所得。

由表 7－1 可知，志高空调在传统渠道（即经销商）的压货能力最弱，所以不得不依赖外销，也意味着其产销均衡的能力最弱。

志高产品竞争力低，经销商渠道能力差，无法接受压货，为应对终端销售波动，企业就只能自己扛起库存，承担产销不均衡的代价。这些经营内容表达在财务报表上，就是存货高，应收账期长，预收账款低，占用资金高（如有息负债增加）。

（一）存货高

表 7－2　2007—2011 年各空调企业存货周转天数　　单位：天

年份	2007	2008	2009	2010	2011
志高控股	**93**	**111**	**111**	**106**	**123**
格力电器	74	64	60	66	77
美的电器	74	59	53	47	54
青岛海尔	35	37	27	21	30

注：格力存货结构与其他企业不同，其原材料占比高，同行产成品比例高。

数据来源：已披露财务报告数据计算所得。

（二）应收账期长、预收账款低

表 7－3　2007—2011 年各空调企业应收账款、预收账款情况

年份		2007	2008	2009	2010	2011
应收账款周转天数（天）	**志高控股**	**35**	**47**	**60**	**54**	**71**
	格力电器	8	6	6	6	5
	美的电器	13	18	29	22	20
	青岛海尔	14	8	11	10	13
预收账款占当年收入比例（%）	**志高控股**	**3.9**	**3.3**	**5.7**	**5.2**	**4.7**
	格力电器	12.1	13.8	20.8	19.7	23.7
	美的电器	3.8	2.3	2.1	2.4	5.1
	青岛海尔	2.7	3.4	5.8	3.6	3.4

注：美的电器、青岛海尔数据包含其他电器产品。

数据来源：已披露财务报告数据计算所得。

（三）占用资金高

表 7－4　2006、2011 年志高控股财务指标变化　　单位：亿元

	2006 年	2011 年	**年化复合增长率**
营业收入	45	93	**15.6%**
归母净利润	2.2	－1.4	—
存货	7.7	27.4	**28.8%**
应收账款	4.4	22.5	**38.4%**
有息负债（含股东借款）	5.4	26.1	**37.3%**

数据来源：已披露财务报告数据计算所得。

由表 7－4 可知，志高在存货、应收账款、有息负债上的增长都显著高于收入增速，这是自己扛库存的代价，也是产销不均衡、竞争失败的报表特征。

志高无法驱使自负盈亏的经销商接受压货，推动产销均衡，意味着要靠自己预测销情，信息费用永远比竞争对手高，预测失误的成本会沿着供应链放大，损害排产稳定性，进一步破坏产销均衡，最终形

成恶性循环。

表 7 –5　2007—2011 年志高控股主要财务指标

年份	2007	2008	2009	2010	2011
营业收入（亿元）	**57**	59	60	85	**93**
归母净利润（亿元）	3.7	1.0	**3.1**	**3.1**	**–1.4**
经调整毛利率（%）	18.5	16.6	**18.5**	**17.6**	**13.4**

注：经调整毛利率指将家电节能补贴调整至毛利后计算所得。
数据来源：已披露财务报告数据计算所得。

由表 7 –5 可知，志高上市后，即使在家电下乡、以旧换新、节能补贴的帮助下，净利润依然萎靡不振，毛利率节节降低。2011 年家电补贴退潮，志高供应链撑不住了，亏损 1.4 亿元，之后也就逐步没落了。

线上崛起的奥克斯“神话”

早些年，奥克斯一直默默无闻，收入规模维持在 80 亿 ~ 90 亿元。2016 年，奥克斯抓住空调线上销售爆发的机会，集中力量发展线上销售。也许这时，它真的相信线上渠道可以改变空调行业，书写“神话”故事。让我们来看看奥克斯这些年线上销售的努力成果：

表 7 –6　2014—2018 年奥克斯空调国内外销售渠道占比

时间		2014	2015	2016	2017	2018 年 1—9 月
国内销售渠道占比（%）	代理商	53.6	41.9	32.8	32.3	25.3
	电商	**16.2**	**32.3**	**49.0**	**57.0**	**66.2**
	连锁卖场 + ODM	30.2	25.8	18.2	10.7	8.5
外销占比（%）		27.2	33.6	33.3	30.0	27.8

注：ODM 指原始设计制造。
数据来源：已披露财务报告数据计算所得。

表 7－7 2014—2018 年奥克斯空调主要财务指标

年份	2014	2015	2016	2017	2018
空调收入（亿元）	91	89	119	194	267
归母净利润（亿元）	**－0.4**	**－2.9**	**2.8**	**5.5**	**－1.0**
毛利率（%）	24.1	24.3	28.4	**28.9**	**22.1**
下半年收入占比（%）	—	44.7	50.9	**44.0**	**36.6**

注：以上数据均为估算数字，以奥克斯控股数据剔除三星医疗数据。
数据来源：已披露财务报告数据计算所得。

由表 7－6、表 7－7 可知，奥克斯收入高速增长，赚到了名声，但没赚到钱，与志高神似。奥克斯在电商渠道业务发展迅速，且明显地压制了其他渠道的发展。但电商渠道随行就市，淡季无法压货，如此还是只能靠外销平衡产销。

从产销均衡的角度看，今天的奥克斯跟当年的志高如出一辙，没有稳定的经销商渠道平衡产销，产销不均衡特征明显，这意味着奥克斯也要自己扛库存。

报表特征：高库存，借钱铺货。

表 7－8 2015—2018 年各空调企业存货周转天数 单位：天

年份	2015	2016	2017	2018
奥克斯空调	**107**	**90**	**105**	**84**
格力电器	49	46	47	48
美的集团	45	41	45	57
青岛海尔	45	53	61	62

数据来源：已披露财务报告数据计算所得。

表 7－9 2016—2019 年奥克斯空调 1—6 月经营状况

时间	2016 年 6 月末	2017 年 6 月末	2018 年 6 月末	2019 年 6 月末
营业收入（亿元）	58	109	169	182
毛利率（%）	22.5	**28.4**	**23.6**	**20.7**
存货（亿元）	21	25	41	31

续表

时间	2016 年 6 月末	2017 年 6 月末	2018 年 6 月末	2019 年 6 月末
预收账款（亿元）	14.2	11.7	**12.4**	**9.7**
应收账款（亿元）	10	20	**13**	**37**
有息负债（亿元）	48	56	75	80

注：以上数据均为估算数字，以奥克斯控股数据剔除三星医疗数据。
数据来源：已披露财务报告数据计算所得。

由表 7 - 8、表 7 - 9 可知，奥克斯风风火火好几年，借钱铺货，到头来欠了更多的债，赚了点应收账款和存货，与志高衰败前一模一样。

表 7 - 10　2018—2019 年奥克斯空调单季度经营情况

时间	2018Q2	2018Q3	2018Q4	2019Q1	2019Q2	2019Q3
单季度收入增速（%）	68.0	8.3	25.8	44.2	**-11.1**	**-2.9**
单季度毛利率减销售费用率（百分点）	9.5	11.7	**-5.6**	7.9	7.7	**-0.7**

数据来源：已披露财务报告数据计算所得。

由表 7 - 10 可知，在目前空调行业遇冷、网销增速放缓的背景下，奥克斯的收入已出现剧烈波动，2019 年第 3 季度经营情况急剧恶化，直接亏损。经济逻辑不可违背，产销不平衡的代价是巨大的，结合格力“双 11”以来的销售返利大战，奥克斯注定与志高同样下场，走向没落。

综上，我们可以看到奥克斯 2018 年国内销售中有 2/3 来源于电商渠道。线上销售的“神话”故事美轮美奂，可网销模式的报表特征却丑陋至极，不知道“贾跃亭的‘粉丝’们”是否有勇气为奥克斯下一次注。

逐渐黯淡的海尔

从志高、奥克斯的例子，可以总结出产销不均衡的报表特征。近些年海尔逐渐被格力、美的甩下，往日白电“三强”，只剩下“两强”。海尔的报表上是否也有类似的痕迹呢？

表 7－11　2014—2018 年各空调企业存货周转天数　　单位：天

年份	2014	2015	2016	2017	2018
格力电器	44	49	46	47	48
美的集团	51	45	41	45	57
青岛海尔	**41**	**45**	**53**	**61**	**62**

数据来源：已披露财务报告数据计算所得。

表 7－12　2015—2019 年青岛海尔 1—6 月经营状况　　单位：亿元

	2015 年 6 月末	2016 年 6 月末	2017 年 6 月末	2018 年 6 月末	2019 年 6 月末	**年化复合增长率（%）**
营业收入	419	488	776	886	990	24.0
存货—产成品	49	114	145	202	**208**	**43.4**
应收账款	68	131	148	169	144	20.6
有息负债	22	337	334	342	**417**	**108.3**

注：1. 2018 年 10 月海尔增发 D 股融资 21.3 亿元，已包含在 2019 年数据中。

2. 2016 年负债跳升是收购 GE 家电耗资 54 亿美元，但 2015 年以来海尔累计归母净利润已接近 300 亿元，有息负债始终居高不下，甚至发行 D 股、可转债融资，可见其资金很不宽裕。

3. 青岛海尔 2018 年空调收入为 318 亿元，为总收入的 17.3%，其他冰洗产品产销不均衡特征弱。

数据来源：已披露财务报告数据计算所得。

由表 7－11、表 7－12 可知，海尔也出现了产销不均衡的报表特征。当然，海尔还包括冰箱、洗衣机等其他业务，这里可以猜想，如果海尔空调事业部报表单独拿出来，其不平衡特征应当是比较明显的。

当然，海尔家大业大，且冰洗产品依然有较强的竞争力，并不至于衰败，但显然已被领头企业甩在了身后。

结　语

今天的奥克斯一如昔日的志高。“神话”故事在资本市场层出不穷，总是变换着新的名词，不变的只有生意的本质。只有格力独自在产销均衡的良性循环里一枝独秀。

第八章　格力经销商收入下滑：论空调行业“天花板”

2020 年 3 月 1 日，格力披露关联交易公告，其中披露了河南盛世欣兴，即河南省经销商 2019 年的收入、利润情况。

表 8-1　2014—2019 年河南盛世欣兴经营情况　　单位：亿元

年份	2014	2015	2016	2017	2018	2019
总资产	41.1	55.7	54.5	54.1	**73.5**	**66.6**
净资产	0.3	2.4	1.2	1.6	2.1	2.5
营业收入	111.8	64.5	52.3	75.1	**105.0**	**82.3**

注：1. 河南盛世欣兴为格力河南省经销商，结合历年披露信息，判断其为格力最大的经销商之一，且为“黄牛经销商”，接受格力指挥进货。

2. 经销商为贸易公司，即资产内容主要为存货、预付账款、开票保证金，因此通过总资产规模，可以辅助判断其进货情况。

数据来源：已披露财务报告及关联交易公告数据计算所得。

河南盛世欣兴 2018 年 1—6 月和 2019 年 1—6 月收入分别为 53 亿、51 亿元，由表 8-1 可知，河南盛世欣兴 2019 年下半年销售收入减少 21 亿元，结合其 2019 年末总资产下降 7 亿元，可知河南盛世欣兴在 2019 年下半年采购金额很可能下降 20 多亿元，且多年来一直未超越 2014 年峰值。

河南盛世欣兴为格力最大的经销商之一，且为“黄牛经销商”，这意味着格力电器 2019 年下半年收入情况很可能不好。

孤证不举，结合近年来格力预收账款、销售返利、家用空调销售情况，我判断空调行业的“天花板”很可能真的来了。这话喊了 10 年，狼终于来了。

销售返利、预收账款

表 8－2　2012—2018 年格力电器经销商销售返利余额　　单位：亿元

年份	2012	2013	2014	2015	2016	2017	2018
返利余额	143	288	467	531	582	595	619

数据来源：已披露财务报告数据计算所得。

返利余额是企业在给予经销商合理收益后，从自身利润计提出来额外储备的部分，可以反映企业的经营状况，因为业绩不好是没能力存钱的。由表 8－2 可知，返利余额在 2015 年后增长放缓。结合近 10 年的利润增速，这意味着格力确实不如早些年游刃有余，业绩增速放缓。

表 8－3　2013—2019 年第 3 季度末格力电器预收账款情况　单位：亿元

时间	2013 年 Q3	2014 年 Q3	2015 年 Q3	2016 年 Q3	2017 年 Q3	2018 年 Q3	2019 年 Q3
预收账款	208	163	153	117	282	135	114

注：每年第 4 季度为空调销售淡季，为促进产销均衡，第 3 季度末预收账款很高。
数据来源：已披露财务报告数据计算所得。

由于“黄牛经销商”的出现，部分销售业务是指导动作，直接造成了预收账款的经济内容失真，但并没有完全失效，预收账款在近两年有明显的下降趋势，也部分反映了下游经销商的意愿。

家用空调销售情况

由表 8－4 可知，“产业在线”统计家用空调内销量近 5 年增速仅为 5.6%，由于数据来源有瑕疵，同时使用格力、美的空调业务的营业成本，以及历年来各类原材料的价格波动，来估算它们的空调销量增减情况。格力、美的空调销量（含家用、中央空调）估算数近 5 年增速分别为 7.4%、9.1%。考虑到中央空调的快速增长（中央空调原材料单耗高），家用空调产品结构升级（高端产品格力做得比美的好得多，高端空调的原材料单耗更高），格力、美的实际销量增速比估算数更低。

受近2年来国内经济低迷影响，格力在2019年“双11”购物节率先发起空调价格战（价格战会扩大格力竞争优势，打击对手供应链，详见第三章），也是空调总销量“天花板”临近的信号。

表8－4　2014—2019年家用空调内销量及格力、美的空调销量估算情况

单位：万台

	2014年	2015年	2016年	2017年	2018年	2019年	复合增长率（%）
家用空调内销量	7017	6269	6049	8876	9281	9216	**5.6**
格力空调销量	330	299	316	362	451	**471**	**7.4**
美的空调销量	245	258	271	315	346	**380**	**9.1**

注：1. 家用空调内销量为“产业在线”统计，为上游零配件出货情况估算所得，经常不准，仅供参考。

2. 格力、美的空调销量没有量词单位，为各自营业成本（包含家用、中央空调）除以不锈钢、铜、铝、塑料成本权重以及价格波动，由此估算历年销量增减。

3. 因年报尚未披露，2019年加粗数字为估算数。

综上，河南经销商在2019年下半年收入同比大幅下滑是报表停滞信号，结合预收账款、销售返利、近5年空调销量增速、2019年末以来的空调价格战，我有理由怀疑空调行业的“天花板”很可能已经来了。

如果“天花板”真的来了，格力要实现继续增长，要么抢占同行的市场份额；要么提质提价，没有其他出路。

格力放弃低端空调

近年来，格力在低端空调市场份额下降，被奥克斯、美的等竞争对手抢占。格力在空调生产上拥有绝对的成本优势，为什么会在低端空调市场失利呢？答案是国家不断提高的空调能效标准。

2019 年 6 月 10 日，格力实名举报奥克斯产品能效标准造假，一时间满城风雨，如此高调的原因是格力是整个事件的最大受害者。由表 8－5可见，为了环保，我国空调制冷能效比一直在提升，但这是监管部门的一厢情愿，市场真的接受吗？毕竟市场上存在对低质低价产品的大量需求，“拼多多”也因此横空出世。

市场确实对低价低质的空调有需求，奥克斯等同行便投其所好，近些年在低端市场快速增长的公司都是如此。这些低质空调因为价格实惠，大量抢占了格力的市场份额。奥克斯做得最过分，所以格力便发文声讨。

表 8－5　定频分体式空调（CC≤4500）国标能效（制冷能效比）等级指标值

年份	1 级	2 级	3 级	4 级	5 级
2019	5.00	4.50	4.00	3.50	3.30
2010	3.60	3.40	3.20	—	—
2004	大于 2.60				
2000	大于 2.15				

注：1. 产品能效等级不应低于表内的额定能效等级。
2. 制冷能效比是空调器的制冷性能系数，表示单位功率下的制冷量。
数据来源：GB21455－2019、GB12021.3－2010、GB12021.3－2004、GB12021.3－2000。

虽然政策不一定合理，但格力自恃“老大”身份“严于律己”，选择放弃供应低质产品，以至于丢失了很大一块市场。2019 年“双 11”以来的空调价格战，格力以低价出售高质产品打击竞争对手，虽然有效，但降质供应才是生意人该做的。

效仿“白酒缩量提质提价”不可行

根据国家统计局数据，白酒销量在 2016 年见顶，相比最高点，2019 年已下滑 42.1%，但近些年 A 股市场白酒公司涨势喜人，无非走上了产品缩量、提质、提价的道路，那空调行业是否有可能走上同样的道路呢？

我认为不可行，逻辑如下：

白酒行业从上游原材料种植、收割，发酵生产，陈酿等各个生产环节，均在自身经营体系内，不对外、不共享。生意提升产销均衡带来的分工之利都留在企业内部，即茅台成本下降不会降低竞争对手的成本。

反观空调，上游供应链大多是行业共享，如空调电缆、铝箔铝板、塑料件、散热器，等等。格力提升产销均衡带来的分工之利不得不与同行分享，即上游企业生产成本下降也会降低美的、海尔、奥克斯等竞争对手的成本，因此格力的成本领先优势相对有限。同理如汽车、手机、电脑等工业化产品。

上述生意逻辑带来的结果是，茅台以极低的成本为代价提升产品品质，对手无法模仿，提质提价的利益尽归茅台。格力提升产品品质，成本领先优势有限，竞争对手额外多付一些成本即可模仿，竞争之下，产品提质提价的利益大部分被消费者拿到。

反映到现实中的现象是：同样成本的白酒，茅台比竞争对手贵得多；同样成本的空调、汽车、手机、电脑，行业领先者是无法拉开如此大的价差的。

因此，空调行业缩量、提质、提价这条路根本走不通。

茅台酒的投资属性

接着白酒缩量、提质、提价的发展逻辑，顺便说说茅台酒的投资属性。老话说“酒是陈的香”“酒越陈越好”，是因为白酒发酵生产后，需要较长时间陈化老熟。通常高品质的白酒需要较长的陈化时间，如茅台酒需要陈化 3 年。实际上装瓶后的货架期却不是这样，酒的品质是会下降的，但现实中茅台酒竟然具备了投资属性，大家都认为“存放年代越久，越值钱”。这种错误的认识是如何形成的呢？

（一）白酒货架期的品质曲线

烈酒（白酒、洋酒）在装瓶储存期间的品质曲线，通常会经历一个风味逐渐柔化、结构逐渐复杂和平衡的阶段，该阶段为品质攀升期；当品质进入巅峰期，自然就是最适合开瓶饮用的时候；这段时间过去后，则会进入无可避免的衰落期。烈酒瓶储期间的品质变化，都会呈“几”字形，通常情况下，风味越浓郁、酒精度越高的酒，品质稳定期更长。

以白酒为例，装瓶后储存期间，酯类（香味物质来源）会逐渐水解成酸类，酯类逐渐减少，酸类逐渐增加，酸酯比例失衡，品质逐渐下降。换个思路想想，如果白酒保存条件那么简单，装瓶后的白酒放在家里，品质就能不降反升，酒厂为什么还要花大价钱建设酒窖？

（二）茅台酒保值增值的误解

随着我国经济发展，居民财富增长，市场对高品质白酒的需求也在持续上升。2005 年前后，茅台率先开始提升基酒陈化老熟时间，以提升原酒品质，迎合市场高品质需求。

20 年来，茅台快速扩产，高品质原酒产量一直在增加，勾兑茅台酒的原酒标准也一直在提升。2015 年，原来用于勾兑茅台酒的“次等的高品质原酒”不再用于勾兑茅台酒，茅台酒品质进一步提升。市场也随之响应，目前茅台零售价达到 2800 元左右。

因为白酒的分工之利尽归自己，不需要分享，胜出者与竞争对手的差距就很容易拉开。竞争之下，产品提质后能够大幅涨价，如茅台酒。这里要明确，白酒行业竞争激烈，如果品质不能提升，消费者是不会接受如此大幅度涨价的。

多年来，茅台酒品质提升带动售价上涨，零售价从几百元涨到几千元，市场的库存大幅升值，人们便误以为茅台酒具有投资、收藏价值。慢慢地，形成一种共识：酒越陈越香，使得越早出厂的茅台酒，售价越高，可实际上，茅台酒出厂一段时间后，品质便会开始下降，显然是市场犯错了。

结　语

综上，从经销商收入下滑出发，并结合销售返利、预收账款、近年来的空调销售情况，可以判断空调行业“天花板”很可能已经来了。另外，因为国家能效标准的约束，格力放弃了低端空调市场，也走不了白酒缩量、提质、提价的道路，因此，我判断格力即将进入低速增长期。

第九章　投资点评

本篇引入产销均衡的视角，并结合销售返利、“甲供”、“T+3”柔性生产、空调线上销售等，逐一剖析空调生意。相信通过这一系列论证，大家已经理解了格力的绝对成本优势。

投资格力，只需要关注两点，产销均衡胜于同行，返利负债大于同行。两个基本点，一个良性循环，若无技术革新，同行们一辈子也追不上。

尽管面临空调“天花板”，格力的发展遇到阻碍，但其在空调行业的竞争优势仍在扩大。以格力的竞争优势、董明珠的生意智慧，也许不需要太长时间，便能重新出发。格力依然是生意水平超一流的公司，但不可妄想，边走边看，一切等待财务报表指引方向。

下 篇

产销均衡视角的财务分析案例

第十章　贯穿全书的生意逻辑：产销均衡

投资即是投生意。市场观点认为，股价是生意未来现金流折现，但是，影响其变化的信息纷繁复杂，时时跟进，难免陷入事实解释事实的困境。那么，有没有一种方法能让我们透过现象，抓住生意里不变的本质？

企业之间的竞争最终都要落在成本上，拥有别人无从模仿的成本优势是竞争胜出的不二法门。以独门武功解决行业困难，便是难以复制的成本优势。生意里的大困难便是关键，在生意的困难中寻找共性，即是生意关键的一般化视角。

能解决超级困难，就意味着超级生意。生意成长始终围绕着解决关键困难，如此聚焦生意关键处的变化，提出一种可以掌控其本质的经济逻辑，它可以解释生意的前生今世，也可以推断生意的未来，才是投资者应当思考的核心，当然逻辑必须经过事实及报表数据的验证。有如此关键经济逻辑在手，便可以摆脱高频跟进的困扰，像巴菲特一样，窝在奥马哈，投资全世界。

本书涉及的案例公司几乎都是 A 股的一流生意，拥有超卓的投资回报，也无一例外地身具独门武功，它们共同指向产销均衡，即掌控生意本质的经济逻辑。本书的核心就是从产销均衡视角发现生意的独门武功。上篇以格力为例，详细讲述了产销均衡的生意逻辑，下篇将分别从不同的行业生意里解读不同的生意本质，以验证产销均衡的强大威力。

产销均衡：一以贯之

企业之间同台竞技，经营招式都可以复制，想要竞争胜出，必须能人所不能，挡住竞争对手，行业困难便是最好的着力点。在克服困难的经营招式这一前提条件上领先，即深化分工前提条件的领先，即产销均衡上领先，如此就可以在深化分工上创造领先优势，惠而不费地甩开竞争对手，比如食品终端销售更快，在保质期上争取时间，参考第十四章海天味业，第十六章青岛啤酒，第十八章桃李面包、绝味食品。

虽然每家企业选取了各自不同的角度剖析，比如：销售返利、“甲供”“吃垃圾”、保质期、订单农业，等等，但最终都是在产销均衡上领先竞争对手，进而深化分工，良性循环，构筑护城河。

格力电器，以经销商压货、销售返利、“甲供”等方式，解决空调淡旺季的产销不均衡。

贵州茅台，以发酵“吃垃圾”、销售返利等方式，在产销均衡上甩开竞争对手。

伊利股份，以常温奶延长保质期、订单农业等方式，解决上游奶牛产奶的产销不均衡。

涪陵榨菜，以订单农业等方式，解决上游青菜头原料的产销不均衡。

海天味业，以餐饮渠道保质期领先等方式，在产销均衡上甩开竞争对手。

双汇发展，以冷鲜肉加火腿肠的产品组合“吃垃圾”等方式，解决生猪分割的垃圾处理、屠宰业务鲜肉的产销不均衡。

青岛啤酒，以保质期、运费领先等方式，在产销均衡上甩开竞争对手。

广州酒家，以广式点心、速冻食品等方式，解决上游月饼原材料的产销不均衡。

桃李面包，以保质期领先等方式，在产销均衡上甩开竞争对手。

绝味食品，以渠道合约领先、保质期领先等方式，在产销均衡上甩开竞争对手。

苹果汁，以“吃垃圾”的视角来看，在产销均衡上必败无疑。

因此，识别独门武功的方法是从产销均衡的视角出发，寻找目标企业克服行业困难、推动产销均衡的经营招式，即“护城河”所在。

知识的适用范围

过去 40 年，中国市场规模快速发展，大量明星企业涌现。本书旨在回答这些企业为什么能竞争胜出，这样就可以提前判断超级企业，如此即可持续下注超级生意。比如，伊利、涪陵榨菜，通过产品营销与生产的相互促进，以订单农业解决上游原材料产销不均衡，以此作为良性循环的基本盘，拉开竞争差距，成长为超级企业。

本书所谈生意逻辑并不是所有生意的核心，仅限于“主机厂”型生意，即“主机厂”指挥供应链共同为消费者提供商品或服务的生意。比如恒瑞医药就不适用，其生意核心在于新药研发。

如本书开篇表 0 - 1 所示，A 股过去 20 年，涨幅最高的 21 家企业，其中 11 家是主机厂型生意。投资者如果选择了这些企业，获得如此回报，想必满意。产销均衡视角的价值显而易见，我们还不足以为之奉献终身吗？

传统投资分析方法的弊端

已有的关于这些企业的分析文章，大多数充斥着玄幻的理论解读，比如企业文化优秀、管理体制优秀、企业家精神，等等。还有传统的杜邦分析体系，也是如此，“存货周转天数”越短越好，“毛利率和净利率”越高越好。都是套套逻辑，无法证伪，读来读去一无所获。

不是说“企业文化或者企业家优秀”不重要，困难的是如何验证，如何应用。如果企业成功是因为企业文化或者企业家优秀，如何判断企业增长或下滑的拐点？能靠企业文化或者企业家几句话判断业绩变化吗？总不能说业绩向好就是优秀，业绩下滑就是无能吧？无法验证的逻辑对于投资毫无价值，不如放弃。

再看杜邦分析，机械性地认为存货周转越快越好，其实本书里通篇都是反例，这里提两个以供参考。

表 10－1　2006—2018 年白酒企业基酒陈化储存（存货周转天数）情况

年份	2006	2008	2010	2012	2014	2016	2018
贵州茅台	879	1220	1670	1484	2064	2040	1257
五粮液	152	193	296	274	467	442	384
洋河股份	183	147	151	278	588	677	758

数据来源：已披露财务报告数据计算所得。

中高档白酒的陈化老熟时间很长，白酒提质很大程度上依赖于延长陈化时间，即在产品周转天数延长，过去白酒行业提质的辉煌年代也源于此。杜邦分析在这里有价值吗？具体分析见第十一章。

表 10－2　2003—2009 年伊利、蒙牛原料端资本投入情况

<table>
<tr><th colspan="2">年份</th><th>2003</th><th>2004</th><th>2005</th><th>2006</th><th>2007</th><th>2008</th><th>2009</th></tr>
<tr><td rowspan="2">原材料周转天数</td><td>蒙牛</td><td>24.9</td><td>25.1</td><td>20.7</td><td>14.7</td><td>11.1</td><td>9.2</td><td>9.6</td></tr>
<tr><td>伊利</td><td>24.7</td><td>24.9</td><td>21.2</td><td>23.5</td><td>28.3</td><td>24.3</td><td>22.0</td></tr>
<tr><td rowspan="2">营业收入（亿元）</td><td>蒙牛</td><td>41</td><td>72</td><td>108</td><td>162</td><td>213</td><td>239</td><td>257</td></tr>
<tr><td>伊利</td><td>63</td><td>87</td><td>122</td><td>166</td><td>194</td><td>217</td><td>243</td></tr>
</table>

数据来源：已披露财务报告数据计算所得。

蒙牛以火箭般的发展速度追赶伊利，但有限的资源不得不投入在营销端，经营策略为“先有市场、再有工厂，奶源全靠抢”，因而放弃了上游奶源建设，报表上的体现是原材料周转天数逐年下降。但三聚氰胺事件改变了国内乳制品行业，消费者对奶源品质诉求快速提升，伊利前期在奶源上的持续投入开始出现回报，此后彻底甩开了蒙牛。原材料周转天数真的越快越好吗？具体分析见第十二章。

以上白酒、乳制品的案例，很好地说明了任何财务指标必须结合其背后的生意内容分析，才能识别优劣，而不是一味的周转快就是好，其他财务指标也是一样的道理。杜邦分析不能结合具体的生意内容，计算出的数字终究只有一个结局，空空如也。

科学方法论的三个要点

科学最重要的一件事就是可证伪性，而投资大部分错误都来源于自欺欺人。在此分享科学方法论的三个要点，希望对大家分析问题有所帮助。

（一）现象必有规律

每天太阳从东方升起，海水是咸的，每天潮起潮落，这是大自然的规律，任何人都会认可。人的行为又何尝不是如此？北京三环内的新地一定建豪宅，高级住宅人口密度较低，没有产权的“小产权”房一定简陋，不用调查，这些也是规律。

因此，不管是大自然、人的行为，甚至生意的现象，都有规律可循，比如，几千年来，食品饮料的发展总是围绕着提升品质和保质期。

（二）事实不能解释事实

解释现象往往需要非事实的抽象理论，因为事实无法自我解释，即不能用事实来解释事实。下雨时，天上一定有云，但雨、云都是现象，云不能解释雨的出现。格力空调成功，有人归功于品牌、技术、高品质，这些都是成功后的现象，并不是格力成功的根源，也解释不了格力的成功。

（三）经济逻辑必须经过事实验证

实践是检验真理的唯一标准。如果提出的经济逻辑经不住事实考验，无法解释事实，或被事实证伪，则需要对经济逻辑进行修改，甚至放弃。

在整个科学方法中最重要的是：经济逻辑一定要“可能被事实推翻”，不可能被事实推翻的逻辑，是没有解释力的，因为这样的逻辑无法被事实验证，即永远不可能错。这种逻辑有什么意义呢？

比如套套逻辑，“四足动物有四条腿”，后半句重复了前半句的意思，根本不可能错，也就没有任何解释力。

比如循环论证，“甲企业优秀是因为企业家优秀、企业文化好，因为企业家优秀、企业文化好，所以未来企业业绩增长的可持续性有了保障”，典型的“梯云纵”，左脚踩右脚，没有任何解释力。

第十一章　贵州茅台、五粮液、洋河：白酒“扩产提质”辉煌史

贵州茅台 2001 年 8 月 27 日上市，至 2019 年 12 月共 18.3 年。

发行价 31.39 元/股，2019 年 12 月 31 日后复权股价为 8657.88 元/股，涨幅为 275 倍，年化复合涨幅 35.8%。

五粮液 1998 年 4 月 27 日上市，至 2019 年 12 月共 21.7 年。

发行价 14.77 元/股，2019 年 12 月 31 日后复权股价为 2304.07 元/股，涨幅为 155 倍，年化复合涨幅 26.2%。

洋河股份 2009 年 11 月 6 日上市，至 2019 年 12 月共 10.1 年。

发行价 60 元/股，2019 年 12 月 31 日后复权股价为 453.67 元/股，涨幅为 6.6 倍，年化复合涨幅 22.1%。

三家企业近 5 年加权净资产收益率（%）

年份	2014	2015	2016	2017	2018
贵州茅台	32.0	26.2	24.4	33.0	34.5
五粮液	15.4	14.9	15.0	19.4	22.8
洋河股份	24.5	25.4	24.0	24.1	26.0

白酒提质与“吃垃圾”的良性循环

发酵生产适用范围广，涵盖酒类、酱类、醋类等大量食品饮料，微生物代谢受菌种、温度、湿度、压力、空气、水土等多种因素影响，因此发酵过程不可能精准控制，产出品质不稳定是生产工艺的固

有难题，“吃垃圾”配合主产品提升品质，是上述产品深化分工的共同方向。

本部分以“吃垃圾”的视角、以白酒为例，从生产提质与“吃垃圾”的良性循环出发，演示如何在财务报表中探寻经济逻辑的表达，并展示其远超传统投资分析方法的解释力。财务报表是一套记录经营内容的商业语言，深刻的经济逻辑必然会留下痕迹，等待有缘人前往探索。

白酒是以酒曲为糖化发酵剂，利用谷物等，经蒸煮、糖化发酵、蒸馏、陈化老熟、勾调而成的蒸馏酒。普通白酒与中高档白酒的区别，主要是使用的原酒等级、陈化时间不同，白酒提质不外如是。

（一）陈化老熟提质

陈化是指蒸馏出的原酒需要在环境合适的酒窖里储存一段时间，以使其充分反应，酒体从辛辣刺激转变为醇和柔顺、香气纯正、风格突出，所谓“酒是陈的香”。

中高档白酒的陈化老熟需要的时间较长，比如洋河中高档酒平均为2年，茅台原酒为3年。因此，陈化老熟提质在财务报表中的表达是存货周转天数上升。

由表10-1可知，2006年后，茅台率先开始提升产品品质，即增加原酒陈化时间，其他品牌随后跟进，开启白酒过去10年质价齐升的辉煌时代。

（二）原酒等级提质

蒸馏是指发酵成熟的酒醅拌入原料后，通过蒸汽将其中的酒分馏出。蒸馏过程各轮次、各段产出的原酒品质是不同的。原酒是分等级的，比如，蒸馏前期的原酒易挥发的酒精度最高，逐次减少；难挥发的酸度最低，逐次增加。

下面以洋河2010年名优酒技改项目为例，来了解原酒等级如何提质。

1. 原酒的技改提质

该项目将原年产9000吨普通基酒酿造车间，改建为年产约7000吨名优基酒酿造车间。基酒质量档次分为优级、一级、二级共三个基本等级。该车间所生产普通基酒中，上述三个等级分别约为5%、10%、85%，预计技改后上述三个等级约为50%、30%、20%，基酒总体质量明显改善。

表11-1 洋河股份名优基酒与普通基酒生产安排主要差异

序号	项目	名酒基酒	普通基酒
1	大曲特性	高温大曲	中温大曲
2	原料、曲粉粉碎粒度	高	一般
3	窖池池壁窖泥厚度（厘米）	10	3
4	窖池池壁材质	特制淤泥	砖块
5	单个窖池尺寸（长、宽、深）（米）	2.4×2.4×2.3	2.3×2.3×1.8
6	甑桶材质	不锈钢	铝合金
7	平均发酵周期	60天	30天
8	单个窖池投料量（公斤）	1500	750
9	平均出酒率（%）	37	45
10	每年生产天数	289	300
11	每天作业窖池数量	58	90
12	机械化程度	机械化作业为主	手工作业为主

数据来源：已披露公开招股说明书。

由表11-1可知，原酒技改提质项目中，制曲、窖池、窖泥、生产设备均须升级改造。发酵时间延长，窖池减少，生产天数减少，出酒率降低，陈化时间更长，这些均为技改提质的代价。由此可知，生产工艺改进可以提升原酒品质，但有代价，且受边际产出递减约束，不能无限提质。仅靠生产工艺提质，酱香型白酒便是例子，且已经做到极致。但目前国内浓香型白酒占据70%以上的市场份额，明显是市场更经济的选择。稍后解释酱香型白酒的困难。

白酒产地的风土因素已经体现在产品品质之中，生产工艺提质（含延长陈化时间）有其极限，进一步拉开竞争差距的关键是“吃垃圾”配合下的原酒等级提质。

2. 副品牌“吃垃圾”配合的提质

白酒为发酵生产，产出原酒品质必然不稳定，即每年产出各等级的酒量不稳定，如高品质原酒时多时少。因此，必须使用副品牌处理低品质原酒，以稳定主品牌的品质，决不能以次充好。成功的“吃垃圾”能够降低成本，促进生产提质。原酒品质提升后，进而协助“副品牌”提质，相互促进，良性循环下拉开竞争差距。可参考下文茅台系列酒提质，五粮液在此败于茅台。

由上述洋河技改项目可知，其名优基酒生产工艺提质，会使中高档白酒的比例上升，但快速扩产后，不可避免产生的低质原酒也会随之猛增。“垃圾”毕竟是边角料，肯定不好卖。副品牌“吃垃圾”配合的提质在财务报表的表达是低质酒的销量和毛利率的变化。

表11－2　2004—2008年洋河股份白酒销售结构

年份	2004	2005	2006	2007	2008
中高档白酒销量（吨）	3184	5115	7832	14027	20797
中高档白酒销量/普通白酒销量（%）	**12.5**	**14.8**	**20.6**	**31.0**	**39.7**
中高档白酒毛利率（%）	72.7	67.9	60.9	61.0	62.7
普通白酒毛利率（%）	**45.3**	**36.0**	**21.3**	**11.2**	**8.4**

数据来源：已披露公开招股说明书。

表 11－3　2008—2012 年洋河股份白酒销售结构情况

年份	2008	2009	2010	2011	2012
中高档白酒营业成本（亿元）	8.1	11.2	22.6	39.2	47.3
中高档白酒成本/普通白酒成本（%）	**178**	**225**	**227**	**308**	**348**
中高档白酒毛利率（%）	62.7	66.9	64.5	65.2	69.8
普通白酒毛利率（%）	**8.4**	**12.8**	**14.7**	**2.8**	**2.8**

注：2013 年白酒寒冬后，洋河不再分档披露毛利率，预计普通白酒毛利率为负。
数据来源：已披露公开招股说明书及财务报告数据。

由表 11－2、表 11－3 可知，2004—2012 年，洋河通过自建、收购双沟等方式持续高速扩产，同时提升产品品质，中高档白酒销量比例一直在上升。随之而来的“垃圾”却一直在拖后腿，普通白酒毛利率连年下降，甚至在 2013 年为负。这意味着“副牌”的品质相比同行在下降。

“副牌”品质下行，发展受阻，如何为主品牌“吃垃圾”？主品牌提质缺少了依托，一条腿走路，原酒等级如何稳定提升？对应着洋河在 2013 年以来的白酒寒冬、复苏到辉煌的行情中，业绩一直不温不火，与五粮液的差距逐渐扩大。

洋河在“吃垃圾”上是失败的，2013 年之后，洋河不再对白酒分档披露毛利率，有兴趣的朋友可以自行调查研究。

（三）五粮液：“吃垃圾”的祖师爷

20 世纪 90 年代，王国春掌舵的五粮液，率先以副品牌“吃垃圾”配合产能快速扩张，是国内第一酒企，风光无两，上市后更是深受资本市场欢迎。当年的茅台产能难以扩张，规模小，被指责管理制度僵化。资本市场要的是增长，五粮液才是“大众情人”。

可谁曾想，五粮液反受“吃垃圾”的拖累，导致 10 年后的攻守异位。2005年茅台净利润超越五粮液，自此差距只增不减。

表11－4 1995—1997年五粮液白酒销售结构 单位：吨

年份	1995	1996	1997
五粮液酒	4237	5079	5934
尖庄酒	32343	57989	89631
五粮春酒	373	348	869
五粮醇酒	2031	3049	9713
其他酒	—	2678	9543
合计	**38984**	**69143**	**115690**

数据来源：已披露公开招股说明书。

王国春在白酒行业发明“副牌吃垃圾”的高招，本该一骑绝尘，可儿子犯错，被人拿住，以致五粮液产权分散，反受其累，“垃圾们”反客为主，侵占五粮液主品牌资源，持续扩大自身利益。由表11－4可见，“垃圾们”以远高于五粮液酒的速度快速扩张，这与生产工艺逻辑相悖。

渠道内容同样示意着产权不清，五粮液和尖庄酒以各地分销商分销为主，而“五粮春、五粮醇等其他酒”以总经销代理销售为主。总经销的产权怎么会不在上市公司里？被谁拿走了？

现实生活中的感受：五粮春、五粮醇等系列酒，从20世纪90年代起，一直在央视砸钱宣传，号称五粮液集团扛鼎之作，但今天淘宝上五粮春、五粮醇每瓶价格50～100元，价不符“名”，岂不是在鸠占鹊巢？广播电台里总是播放着五粮液××酒的营销故事，“原价3000多元，现在6瓶就卖599元，10分钟内拨打电话进来，买一箱送一箱”。

五粮液网站—产品中心，展示了78个系列的副品牌酒，实际产品不下几百种。多年来“垃圾们”一直在侵占五粮液主品牌产权，损害的不仅是名誉，也在破坏五粮液的品质。

常喝五粮液的朋友，应该知道其品质时好时坏、不稳定，无非

“垃圾们”要保护各自的私产。谁又愿意毫无保留地为五粮液“吃垃圾”？发酵产出不稳定，“吃垃圾”无法完全配合，因而五粮液品质不稳定。

表 11－5　2002—2018 年五粮液白酒销售结构

年份	2002	2004	2006	2008	2010	2014	2016	2017	2018
高价酒收入（亿元）	27	35	44	59	109	156	174	214	302
高价酒毛利率（%）	67.4	65.7	69.2	66.7	85.8	84.0	83.4	85.2	84.3
中低价酒收入（亿元）	30	28	30	19	32	44	53	67	76
中低价酒毛利率（%）	22.4	28.2	28.8	16.6	36.2	45.3	49.0	49.7	50.8

注：五粮液 2012、2013 年未分档披露毛利率，只能理解为数据不佳，不愿披露。
数据来源：已披露财务报告数据计算所得。

由表 11－5 可知，一直以来，五粮液系列酒的比例都很高，尚且不包括五粮液集团自己搞的系列酒；从中低价酒收入和毛利率的变化来看，五粮液的底子还在，在“吃垃圾”方面是强于洋河、弱于茅台。

（四）贵州茅台：“吃垃圾”配合下的良性循环

有人说即使是猴子去茅台当董事长，也能经营好公司，认为茅台是靠资源坐享其成。

20 世纪 90 年代，黔酒顶峰时期有近 50 家企业，到今天，连贵州八大名酒都集体“悲剧”了，现实是大家只认识茅台。如果茅台真的是无功受禄，同在茅台镇的国台酒为什么没落？酱香型白酒为什么只有茅台真正崛起？

当年贵州同行们的“死因报告”上充斥着“盲目扩产、酒质难以保证、不能把握市场消费导向、资金链断裂”，从这些结果来看，它们均死于产销不均衡。下面通过 2010 年茅台酒 2000 吨技改工程情况，来了解酱香型白酒在产销均衡上的困难。

1. 茅台酒的产销难题

第一，茅台酒生产工艺特殊，茅台镇地质复杂，且储酒仓库大

（陈化 3 年，勾兑后存放 1 年，共 4 年；中高档浓香型白酒 2 年左右），固定资产投资额是其他白酒的 5 倍以上。

第二，占用大量流动资金。茅台酒从开工建设、下料到产品出售，需耗时 6 年。2010 年新增 2000 吨茅台酒技改工程预算总资金需求 17.28 亿元，其中：建设投资 5.97 亿元，流动资金 11.3 亿元。

投资额巨大且占用资金时间长达 6 年，6 年后的市场需求难以预知，投资决策的信息费用很高，难以实现产销均衡。这就是季克良一直强调的扩产困难，也是 2004 年茅台（快速扩产中）与同行迥然不同，迟迟不敢涨价的原因。

2. 开拓经销商渠道：解决产销不均衡

1998 年，受东南亚金融危机和山西假酒案影响，国有糖酒公司（茅台当时仅有的经销商）被波及，遭遇银行贷款紧缩。国内白酒销售进入萧条期，当年 7 月茅台销售额仅完成全年的 1/3。历史危局之下，季克良、袁仁国开始改革销售渠道，培养自己的营销队伍，开拓新的经销商渠道。

危难之中，茅台靠着新的经销商渠道得以新生，自此奠定了茅台解决酱香型白酒产销不均衡的基础，与“吃垃圾”配合，开启产能扩张之路。

3. “吃垃圾”配合下的扩张与品质提升

酱香型白酒靠着特殊工艺及多年陈化来改善酒质（酱香工艺比浓香复杂，耗时长），低质原酒产量比例低于浓香型白酒，但免不了还是有“垃圾”，因此，产能快速扩张也必须有“吃垃圾”的配合。

茅台学了五粮液的绝招，1998 年收购习酒、1999 年推出茅台王子酒、2000 年推出茅台迎宾酒，统统用来“吃垃圾”。与此同时，茅台酒产能从 2001 年的 6000 吨发展到 2010 年的 20000 吨，到 2018 年约 50000 吨。

表 11－6 2010—2018 年贵州茅台白酒销售结构

年份	2010	2011	2012	2013	2014	2015	2016	2017	2018
茅台酒收入（亿元）	108	170	240	**291**	**306**	**315**	367	524	655
茅台酒毛利率（%）	92.9	93.5	94.2	**94.6**	**93.7**	**93.6**	93.5	92.8	93.7
系列酒收入（亿元）	8	15	24	**19**	**9**	**11**	21	58	81
系列酒毛利率（%）	64.3	68.6	73.4	**66.8**	**57.2**	**52.9**	53.5	62.7	71.1

数据来源：已披露财务报告数据计算所得。

“垃圾”毕竟不好卖，早年的系列酒一直靠着茅台酒捆绑销售。由表 11－6 可知，2010—2012 年，茅台酒畅销，系列酒随之畅销；2013—2015 年，茅台酒萎靡，系列酒直接垮了。但从 2016 年开始，系列酒销售突然扭转颓势，一骑绝尘，收入、毛利率连年双升，增速比茅台酒还快。到底发生了什么？原因在于随着茅台快速扩产，高品质原酒产量一直在增加，勾兑茅台酒的原酒标准也一直在提升。2015 年，原来用于勾兑茅台酒的“次等的高品质原酒”不再用于勾兑茅台酒，转而用于勾兑系列酒。其品质快速提升，市场随之响应。

近几年，茅台酒、系列酒相互配合推动产品提质升级，良性循环下量价齐升，业绩快速增长，铸就了今天茅台超群绝伦的行业地位。不过今天的鼎盛繁荣是早年打下的基业，自袁仁国违法被抓，茅台产权界定不清，结合其经营内容的种种变化，经济逻辑也许在 10 年后将再次改变今天的白酒行业格局。

（五）结语

本部分从发酵类产品生意的固有局限出发，提出“吃垃圾”的一般化视角，并演示如何在财务报表中探寻经济逻辑的表达，以展现立体的生意画面。

华山论剑：茅台、五粮液、洋河销售返利对比

在本部分继续延伸销售返利的经济内容，以 2012 年白酒行业步入寒冬为例，观察三家明星企业应对产销剧烈波动的经营安排，以此来为白酒企业竞争力排序，并判断洋河竞争力的变化。

（一）销售返利经济内容延伸

销售返利的经济内容已在第三章讲解，不再重复。

现实生意中销售返利有多种形式，甚至同一个行业，大家的做法也各不相同，但为了投资决策，我们必须分出高下。接下来以白酒行业的明星企业为例，从报表中挖掘它们各自不同的销售返利政策，进而横向、纵向对比。

横向对比：从各企业应对产销失衡的销售返利政策出发，进而判断各企业稳定渠道的成本，成本最低的企业就是最优秀的企业。

纵向对比：以报表中可观察、可验证的信息为基础，从销售返利的角度判断企业竞争力的变化。

（二）销售返利政策的财务报表表达

2012 年，国家开始打击吃喝风，白酒行业进入深度调整，市场需求骤降。由表 11 - 7 可知，洋河、五粮液营业收入结束之前的高增长趋势，转向下滑，其中洋河的销售费用一直保持稳定，但五粮液却翻了一倍。销售费用增加是对渠道加大支持力度，难道洋河的渠道比五粮液稳固得多？还是说洋河市场地位更高？这些数据显然与我们的常识相悖，印象里五粮液品质、品牌应该是高于洋河的。

表 11－7　2011—2016 年洋河、五粮液经营情况

年份		2011	2012	2013	2014	2015	2016
洋河股份	营业收入（亿元）	127	173	150	147	161	172
	销售费用（亿元）	**12**	**18**	**14**	**17**	**19**	**19**
	销售费用率（%）	9.5	10.3	9.2	11.5	11.7	10.9
五粮液	营业收入（亿元）	204	272	247	210	217	245
	销售费用（亿元）	**21**	**23**	**34**	**43**	**36**	**47**
	销售费用率（%）	10.2	8.3	13.7	20.5	16.5	19.1

数据来源：已披露财务报告数据计算所得。

答案藏在一个不起眼的会计科目里——“其他应付款—经销商尚未结算的折扣”，与格力的应付销售返利余额类似。未结算折扣使用时，扣减当期收入，不通过销售费用表达，确认、使用时，直接反映在负债和递延所得税资产当中。

洋河通过该负债科目的变化（表 11－11），实现了五粮液行业寒冬时期在利润表内的跌宕起伏。也就是说，洋河直接加大对经销商的出货折扣，且消耗了 2012 年之前积攒的 20 多亿元“储钱罐”，同样实现了加大渠道支持的目的。请结合下面的会计处理理解。

1. 洋河股份

由表 11－7 可知，洋河销售返利政策是返利抵减收入、不计提返利费用、增加返利负债，意思是：洋河出售 9 瓶酒，共 100 元，返利政策为满 9 瓶送 1 瓶，但是赠送的 1 瓶只能在次年提货时使用。会计处理如下：

当年出售：

借：预收账款	100	
贷：营业收入		90
其他应付款—未结算折扣		10

次年使用：

借：其他应付款—未结算折扣 10

贷：营业收入 10

上述返利政策在财务报表的表达是：低营业收入、低毛利率、低销售费用率。

2. 五粮液

五粮液的返利费用计提与使用，不通过现金流量表体现，且历年年末均无返利负债和递延所得税资产，这说明五粮液是逐月实物返利，本质上等于降低了出厂价格。

结合表 11 – 7 可知，五粮液销售返利政策是多确认收入、计提返利费用、不增加返利负债，当期计提，当期支付。比如五粮液出售 9 瓶酒，合计 100 元，为支持经销商满 9 瓶送 1 瓶，当年提货时使用。笔者推测的会计处理如下：

借：预收账款 100

贷：营业收入 100

借：销售费用 11

贷：营业收入 11

上述会计处理方式为笔者推测的最大可能性的一种，虽然无法完全确定，但可以确定上述返利政策在财务报表的表达是：高营业收入、高毛利率、高费用率。

比起洋河，五粮液提高了收入和毛利率，但费用当期计提当期必须支付完毕，还不如洋河那样行有余力。

3. 贵州茅台

表 11－8　2011—2016 年贵州茅台经营情况

年份	2011	2012	2013	2014	2015	2016
营业收入（亿元）	184.0	264.6	310.7	322.2	334.5	401.6
销售费用（亿元）	7.2	12.2	18.6	16.7	14.8	16.8
销售费用率（%）	**3.9**	**4.6**	**6.0**	**5.2**	**4.4**	**4.2**

数据来源：已披露财务报告数据计算所得。

由表 11－8 可知，茅台利润表变化不大，收入、销售费用率稳定。资产负债表、现金流量表上也没有销售返利的痕迹。难道茅台销售渠道没有受到冲击？这显然不可能，当年到处是茅台经销商大面积亏损的新闻，最低时茅台零售价也只有 800 多元一瓶。

摘录一段 2013—2014 年的经销商商务政策：

2013 年 11 月，凡原有老经销商在 12 月底前按 999 元/瓶打款进货 1 吨飞天茅台酒，可再按 819 元/瓶配给 20%。

2014 年 9 月，经销商按照 999 元/瓶出厂价采购 1 吨茅台酒，可配给 2 吨 819 元/吨的计划内供应量。

由以上两条商务条款，可知茅台的销售返利政策类似于期权，完成任务后配给低价进货权。该期权有价值，未在资产负债表确认，但可以在利润表里找到痕迹。

表 11－9　2013—2014 年贵州茅台单季度毛利率情况（%）

	2013 年				2014 年			
	1 季度	2 季度	3 季度	**4 季度**	1 季度	2 季度	**3 季度**	**4 季度**
毛利率	93.3	93.5	93.5	**91.6**	93.2	93.0	**91.8**	**92.4**

数据来源：已披露财务报告数据计算所得。

贵州茅台每年销售少量低端系列酒，系列酒毛利率较低（50%～60%），茅台酒毛利率 94% 左右。2013 年、2014 年行业低迷期，系列酒销量大幅下滑，茅台酒销量小幅增长，因此，茅台整体毛利率应当是上升的。由表 11－9 可知，2013 年第 4 季度、2014 年第 3—4 季度的单季毛利率不升反降，就是上述销售返利政策执行的结果。

（三）销售返利政策成本的横向对比

任何商务政策的调整，都会在财务报表上有所体现。反过来，报表的细节差异也往往反映关键的企业经营内容。

本部分尝试以三家企业在行业低迷期的返利政策，来判断三家企业的优劣。评价优劣的标准是应对产销失衡的经营安排成本高低。

茅台最优。茅台经销商的口头期权返利，显然是成本最低的，资产负债表里没有痕迹，但这与经销商对茅台的品牌信心有很大关系，只有茅台才能使用如此低成本的返利政策支持经销商。

洋河其次。洋河未雨绸缪，在寒冬来临之前为自己和经销商准备了 25 亿元的“储钱罐”，当年向经销商承诺返利，次年兑现即可。

五粮液第三。五粮液当年向经销商承诺返利，必须当年兑现。与洋河相比，同样是承诺返利，五粮液不得不选择当年兑现，这说明其经销商渠道不如洋河稳固。五粮液敢次年兑现，经销商就敢脱网。

综上，优劣排序为茅台、洋河、五粮液，下面以 2013—2014 年白酒企业经营业绩验证。

表 11－10　2013—2014 年白酒企业经营业绩变化

	营业收入变化（%）		2014 年相比 2012 年变化	
	2013 年相比 2012 年	2014 年相比 2012 年	毛利率减销售费用率（百分点）	归母净利润（%）
贵州茅台	17.5	21.8	－0.3	15.3
洋河股份	－13.0	－15.0	－4.1	－26.8
五粮液	**－9.1**	**－22.8**	**－10.2**	**－41.3**
山西汾酒	－6.0	－39.6	－14.5	－73.2

续表

	营业收入变化（%）		2014 年相比 2012 年变化	
	2013 年相比 2012 年	2014 年相比 2012 年	毛利率减销售费用率（百分点）	归母净利润（%）
泸州老窖	-9.7	-53.7	-23.1	-80.0

数据来源：已披露财务报告数据计算所得。

由表 11-10 可知，企业业绩变化情况与前述预判结果一致。

洋河在品牌影响力明显不如五粮液的情况下，未雨绸缪，计提返利，在行业寒冬中明显比五粮液游刃有余，2014 年已经稳住了局面。

泸州老窖、山西汾酒毫无准备，在行业寒冬的激烈竞争中兵败如山倒，从其收入、毛利率及利润的大幅下滑看，其经销商渠道在当时已出现大面积脱网。

（四）洋河竞争力的纵向变化

1. 第一阶段：2009—2012 年

见表 11-11，洋河收入、利润高速增长，家里年年有余粮，主动降低自己盈利，让利经销商，为自己和经销商充实“储钱罐”，即应付未结算折扣，这说明洋河竞争力在快速提升。

2. 第二阶段：2013—2014 年

见表 11-11，行业寒冬，洋河收入、利润显著下滑，开始消耗“储钱罐”，这说明纵向对比的企业竞争力在下降，但与同业对手相比，仍是表现不错的。

行业严寒时，“储钱罐”的威力是巨大的，返利可大幅降低经销商进货的现金流需求，增强渠道的稳定性，防止经销商大面积脱网。

3. 第三阶段：2015—2018 年

见表 11－11，白酒行业开始复苏，洋河收入、利润逐渐回升，“储钱罐”增长停滞，说明洋河在业绩恢复增长的同时，已无余力充实“储钱罐”，与对手相比竞争力在下滑。

表 11－11　2009—2018 年洋河经营业绩情况

年份	营业收入（亿元）	归母净利润（亿元）	净利润增速（%）	未结算折扣余额（亿元）
2009	40	13	68.9	**0.7**
2010	76	22	75.9	**5.4**
2011	127	40	82.4	**20.1**
2012	173	62	53.0	**25.4**
2013	150	50	**－18.8**	**24.3**
2014	147	45	**－9.9**	**20.6**
2015	160	54	**19.0**	**20.8**
2016	172	58	**8.6**	**19.8**
2017	199	66	**13.7**	**22.5**
2018	242	81	**22.5**	**23.0**

（五）结语

近年来，白酒股纷纷大涨，但洋河明显掉队，这是业绩停滞的结果，实际上财务报表早已体现。下注洋河的人会看财务报表吗？

投资点评

白酒几乎是过去 10 年 A 股最耀眼的行业，即使在近年来白酒总消费量见顶回落的背景下，名酒们依然快速增长，显然是大鱼吃小鱼，企业之间的差距仍在扩大。

用笔者朋友的话说，这是 10000 分的行业，茅台做到了满分，那这行业到底好在哪呢？我在市面上没有看到满意的解释。学习之后，笔者以“吃垃圾”的视角剖析这门发酵生意，发现胜出者在发酵品质上彻底甩开同行，使竞争者毫无还手之力。

但这门生意并不是无懈可击，20 年前，一瓶五粮液比茅台贵，资本市场也更喜欢五粮液。如果老天爷眷顾五粮液，稍有不慎，10 年后攻守易势也并非不可能。

第十二章　伊利股份：从蒙古牛到荷斯坦奶牛的品种演变史

伊利股份1996年3月12日上市，至2019年12月共23.8年。

发行价5.95元/股，2019年12月31日后复权股价为2281.62元/股，涨幅为382倍，年化复合涨幅28.4%。

近5年加权净资产收益率（%）

年份	2014	2015	2016	2017	2018
伊利股份	23.7	23.9	26.6	25.2	24.3

世界肉类食谱选择和猪八戒的“美白”故事

人类的生存需要持续摄取蛋白质，其常见的动物来源有牛、羊、猪、鸡、鸭、鱼。我想天天吃“神户牛肉、蓝鳍金枪鱼”，但受成本约束，至今我还吃不上。我猜测绝大多数人跟我情况差不多，不得不选择性价比高的动物蛋白质。我们这些普通人加在一起，就决定了世界肉类食谱的选择。

在本部分，将以世界动物蛋白质的种类取舍、我国猪种演变为例，讲述市场选择决定动物品种演变的经济逻辑，解读我国奶牛品种更迭，进而伊利、蒙牛颠覆乳制品行业的故事。

（一）动物蛋白质的食谱选择

不同种类的蛋白质可以相互替代。性价比最高的动物蛋白质，是同样数量饲料，转化蛋白质、热量最多的那种。

就牛羊猪而言，猪骨骼小，料肉比（增重 1 公斤所需的饲料量）低，杂食，都意味着只算直接成本的话，猪肉最便宜。鸡鸭虽然料肉比更低，但脂肪含量（即热量）也低，毕竟吃肉是为了生存，性价比次之。鱼类不如饲养家畜可以稳定供应，且受地理位置约束强，在特定条件下才有优势。

按此逻辑，全世界都应该吃猪肉，可现实里有很多以牛肉、鸡肉为主的国家或地区。为什么呢？这是因为吃猪肉也有其缺点，相比牛奶、鸡、鸭等，吃猪肉必须杀一整只猪，即可分割的最小单位是上百公斤的成猪，且鲜肉保质期很短（1 ~2 天），而消费肉食的季节性波动很大，产出与消费之间有很大的缺口。市场自发地依靠延长保质期的肉制品（腊肉、腊肠）来解决缺口，但其制作又不如乳制品（黄油、奶酪等）方便。

因此，产销不均衡是猪肉普及的障碍。要充分发挥猪肉性价比高的优势，需要两个地理条件：第一，人口密度大，为鲜肉及肉制品消费提供足够的市场规模，充分发挥肉制品削峰填谷的作用；第二，大陆型国家，面临渔业低成本竞争的压力较小，验证如下。

中国、美国是猪肉消费大国，符合条件；欧洲人口密度大，猪肉消耗量惊人，猪肉制品驰名世界，哈尔滨红肠也原产自东欧，德国、波兰是典型的大陆国家；英国作为岛国，鱼类食物丰富，见图 12 –1。

图 12 –1　欧洲知名肉制品示例

另外，我国各地的人口密集区也有各具特色的肉制品，如山东、广东、四川地区的特色腊肠分别代表咸、甜、辣三种口味。

（二）猪八戒的“美白”故事

我国农业文明悠久，人口众多，是世界上最早驯化和养殖猪的国家。在上千年的市场选择下，培育出了大量猪的良种。可自20世纪90年代，本土猪种在与洋猪的竞争中节节败退，农民猪圈里的黑猪、花猪，逐渐换成了白白胖胖的洋猪，见图12－2。

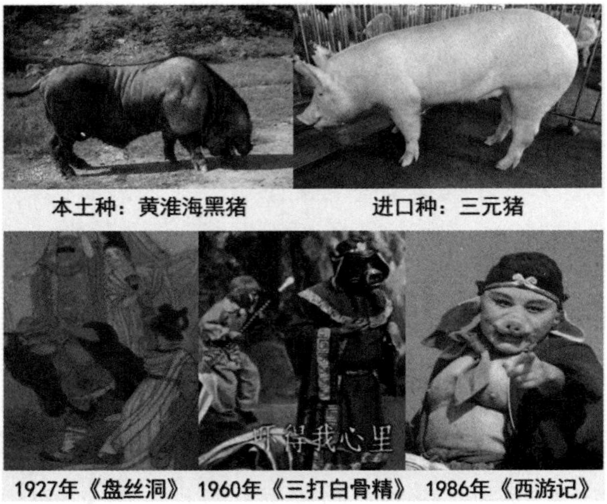

图12－2　我国猪种及猪八戒影视剧的肤色变化

由图12－2可知，早年我国有关猪八戒的剧本、影视形象一直是通体黑色，引进洋猪后，《西游记》中猪八戒的形象开始变得“白白胖胖”。

为什么黑猪被美白了？曾经风光无两的土猪，为何完败于洋猪？

品种演变的答案是——饲料变多了。

在我国现代农业发展之前，饲料不足，猪“活着”是首要目的，因而耐粗饲、生得多、抗病力强的土猪胜出；后来农业大发展，饲料充足，“增肥”变得更重要，因此食量大、长得快、出栏时间短的洋猪胜出。

饲料从少到多，改变了猪种的竞争准则，洋猪淘汰土猪是市场选择的必然结果。这不仅仅是单纯的原材料价格下降导致需求量上升，本质上是猪肉“生产模具”的巨大变革，生产效率大幅提升。

（三）结语

冥冥之中，经济逻辑控制着我们的食谱，控制着农牧业品种的更迭，而不是所谓的“口味”，接下来的牛奶也一样。

2000 年“利乐包装”颠覆乳制品行业

伊利、蒙牛是国内家喻户晓的明星企业，长期投资回报率一流。本部分从伊利、蒙牛出发，讲述“利乐包装”颠覆乳制品行业的故事，展示市场选择和企业订单农业分别在奶牛品种演变中的关键作用，再结合周黑鸭定制樱桃谷鸭的例子，展示市场选择与企业订单农业在深化分工中的巨大威力。

（一）本土牛种及引进品种简介

自古以来，除了以放牧为生的少数民族地区外，我国大多数地区很少消费牛奶及其制品。我国没有本土的乳牛品种。本土的黄牛、水牛，主要为役肉兼用。

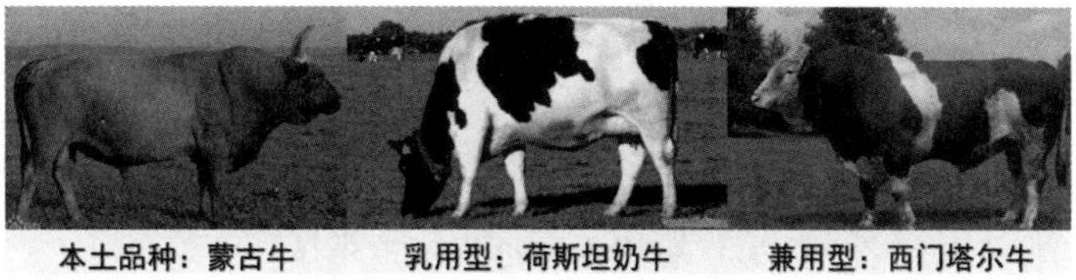

图 12－3　内蒙古本土牛种及引进品种

蒙古牛是乳肉兼用型。内蒙古本土黄牛品种，耐粗饲、耐寒、抗病力强，能适应恶劣环境条件，成年牛体重 250～500 千克，年平均产奶量 500～700 千克，是过去牧区乳、肉的主要来源。

荷斯坦奶牛多为乳用型，原产于荷兰，是世界上产奶量最高、饲养数量最多的奶牛品种。1999 年荷兰全国平均每只牛产奶量为 8016 千克。

荷斯坦奶牛引进中国后，不断驯化和培育为中国黑白花奶牛，后改名为中国荷斯坦奶牛，优良种群每只牛年平均产奶量 7000 千克以上。该牛生活的最适宜温度是 0℃ ~24℃，超过 30℃有热应激反应，产奶量明显下降。

西门塔尔牛是乳肉役兼用型，原产于瑞士，体格大，生长快，成年公牛体重 1000 ~ 1300 千克，其乳产量高，年均产奶量为 4000 千克左右，产肉性能不低于肉用牛，役用性能较好。

（二）奶牛品种演变的市场选择

与猪种演变同理，在饲料增加的背景下，耐粗饲、耐寒、抗病力强的本土牛种被淘汰，为追求生产效率，逐步改良为中国荷斯坦奶牛、西门塔尔牛（含三河牛、科尔沁牛等其他乳肉兼用型）。

2000 年前后，伊利、蒙牛推出利乐包装灭菌乳，彻底改变国内奶业格局，成为乳制品行业的里程碑（后文详述），以此将奶牛品种的演变过程划分为两个阶段。前一阶段市场选择起主导作用，后一阶段企业订单农业起主导作用。

1978—1999 年，我国奶牛存栏总量快速增长，由 48 万头增长到 424 万头，奶牛品种在市场选择下出现了两个特征：

1. 良种中国荷斯坦奶牛集中在大中城市郊区

牛奶鲜活易腐，不易保存，受保质期、运费的约束，鲜奶市场覆盖范围很小，产销不均衡是行业难题。在利乐包装（即超高温灭菌乳）应用前，全国超过 50% 的原奶用于生产奶粉，很少部分生产液态奶。

大中城市人口规模、密度大，企业用家庭订鲜奶及生产冰淇淋的方式供应庞大的市场，为周边奶牛场消化牛奶产销的波动，因此可以引进较高品质的荷斯坦奶牛品种。2000 年，北京、上海周边的奶牛场平均单产（成年乳牛）已超过 7000 千克，生产水平全国领先，目前伊利上游奶牛的平均单产约为 8000 千克。

如此的产销均衡模式，结合牛奶保质期短、运费高的局限，只能每个城市匹配独立奶源，无法实现全国范围的攻城略地。

2. 内蒙古牧区主要为兼用型奶牛

提到内蒙古，大家第一时间会想到大草原和遍地的牛羊，但其实当年内蒙古的荷斯坦奶牛比例较低，良种也很少，1999 年全区奶牛平均单产数仅为 0.46 吨，远低于全国平均的 1.69 吨，见表 12－1。

内蒙古奶农居住分散，且交通不便，结合鲜奶产品局限，产销不均衡难题更为严重，荷斯坦奶牛的高产牛奶根本无处可卖。再结合奶价也有波动，乳企拒收、限收事件频发，乳、肉、役用途的使用价值剧烈波动，因此当地农户更偏爱乳、肉、役兼用型。多种用途，可以随时调整生产方式（即柔性生产），选择价值最高的实现方式。市场选择下，当年的内蒙古主要饲养兼用型奶牛，如西门塔尔、三河牛、科尔沁牛等。

（三）奶牛品种演变的企业订单农业

利乐包装在乳制品行业应用前，牛奶市场覆盖范围很小，企业在品种演变中发挥的作用较小。利乐包装是乳制品行业的里程碑，将液态常温奶的保质期，从几天大幅提升至 6 个月。

1. 利乐包装下骤变的中国奶业

表 12－1　1991—2009 年全国及内蒙古奶牛生产效率变化

年份	1991	1999	2001	2005	2009
全国奶牛存栏（万头）	295	424	566	1216	1260

续表

年份	1991	1999	2001	2005	2009
全国牛奶产量（万吨）	465	718	1026	2753	3521
全国年平均单产（吨/头）	**1.65**	**1.69**	**1.94**	**2.37**	**2.82**
内蒙古奶牛存栏（万头）	44	75	75	269	227
内蒙古牛奶产量（万吨）	39	68	106	691	903
内蒙古年平均单产（吨/头）	**0.46**	**0.46**	**0.72**	**1.42**	**1.91**
内蒙古荷斯坦奶牛比例（%）	—	—	**40.2**	**72.6**	—

注：1. 平均单产 = 当年牛奶产量除以平均存栏奶牛。

2. 存栏奶牛包含成年、未成年奶牛，因此平均单产数较低。

3. 1991—1999 年我国及内蒙古平均单产保持相对稳定。

数据来源：中国奶业年鉴。

表 12－2　2000—2007 年伊利、蒙牛营业收入增速　　单位：亿元

年份	2000	2002	2007	年化复合增速
伊利股份	15.1	40.1	193.6	**44.0%（7 年）**
蒙牛乳业	—	4.6	213.2	**115.5%（5 年）**

数据来源：已披露财务报告数据计算所得。

由以上两表可知，2000 年前后，我国尤其内蒙古奶牛单产急剧提升，增速远高于全国水平，显然是品种快速更迭的结果，荷斯坦奶牛比例从 1999 年的不足 40%，增长到 10 年后的接近 80%。

与此同时，伊利、蒙牛两家内蒙古乳企以超乎想象的速度崛起，称霸全国。

2. 常温液态奶横扫全国

饲养奶牛所需的精饲料和优质牧草主要产自北方，运费约束下，南方奶牛饲料成本较高，同时南方气温高，也不适合高产的荷斯坦牛。因此，内蒙古周边地区有天然低廉的奶牛饲养成本优势。

利乐包装的出现，实现了牛奶的长期保质和远距离运输，也由此解决了内蒙古牛奶产销不均衡的巨大困难，可以调运远销外地。当地低廉的成本优势彻底爆发，物美价廉的内蒙古牛奶横扫全国，奠定了今天中

国奶业的格局。

3. 企业定制牛奶：订单解决奶农产销波动

利乐包装为常温奶解决了保质期难题，伊利、蒙牛顺势将内蒙古的牛奶成本优势推向全国，有了订单，当然要指挥奶农们生产足量、足质的牛奶。

伊利为奶农修路、建奶站，集中收奶，向奶农下达“越多越好”的牛奶采购订单，彻底解决牛奶产销难题。此时，柔性生产的兼用型奶牛，就远不如专门的乳用型荷斯坦奶牛。伊利以良种补贴的方式，积极引导奶农更换“生产模具”，即优质品种奶牛，并提供奶牛繁殖、饲养、防疫、饲料选择等多种服务。①

如此，伊利大幅提高了奶农的积极性和牛奶产能，奶农们换上了高产的荷斯坦奶牛，内蒙古周边地区的荷斯坦奶牛比例大幅上升，牛奶单产水平急速上升。

综上，伊利、蒙牛迎合全国市场对乳制品的需求，向内蒙古周边地区奶农下达采购订单，通过营销与生产的良性循环，不断提升奶农的“生产模具”，以此逐步在上游原材料领域，构筑出无法模仿的成本“护城河”。

（四）鸭种的企业定制：周黑鸭

樱桃谷鸭源于中国北京鸭，经过英国人优化繁育后又回到中国，是世界著名的瘦肉型鸭，具有生长快、瘦肉率高、净肉率高和饲料转化率高以及抗病力强等优点。

樱桃谷鸭体型较大，经查询华英农业、智诚股份、鸿翔农业、正方农牧，商品代樱桃谷鸭出栏体重均为 3 千克左右，这意味着 3 千克是市场选择下的产出最优点，重一点、瘦一点都会得不偿失。

---

① 此处可以对比思考美的“T+3”与格力的产销均衡。

反观周黑鸭，其披露为鸭副产品专门采购樱桃谷鸭，重约 5.8 ~ 6.3 千克，这是企业在定制巨型鸭子。

周黑鸭选择高质高价的产品供应市场，6 千克的樱桃谷鸭可以产出更高品质的鸭副产品，在产品上与竞争对手拉开差距。但显然这是它的独门武功，普通企业难以模仿，因为别人根本卖不掉大鸭副，不然市场最优产出不会是 3 千克，超市里零售的鸭翅也比周黑鸭小得多。

假设一种情况，周黑鸭的鸭副卤制品畅销全世界，订单量骤增，比如上千亿元，它可以指挥种鸭场提供一种鸭副特别大、鸭胸、鸭腿特别小的新鸭种，这就是企业订单农业深化分工的竞争壁垒。

（五）结语

伊利、蒙牛在利乐包装的协助下，成功地将内蒙古的低成本牛奶推销至全国，引领了内蒙古周边地区的荷斯坦奶牛的品种演变，这就是企业订单农业的威力。

从产销均衡看伊利、蒙牛崛起

伊利、蒙牛是国内最优秀的乳制品企业，早年它们只是偏远地区的小企业，远不如大国企光明乳业、外资企业达能等。本部分从产销均衡的视角出发，回顾它们崛起的历程，结合财务报表上留下的痕迹，与企业经营内容相互印证，一同学习伊利、蒙牛的生意智慧。

（一）乳制品行业的关键困难

牛奶生产是以原奶为主原料，经过脱脂分离、标准化、均质、杀菌（巴氏杀菌或超高温杀菌）即得牛奶。不同的杀菌方式，保质期不同。生产工艺很简单，乳制品生意的关键困难是奶源的产销不均衡。

奶源的产销不均衡存在时间、空间两个难题。

时间上，受荷斯坦奶牛自身产奶特点的影响，全年奶源供应量有季节性特点，每年的1—3月奶源富裕，8—10月奶牛因夏季高温而产量下降；酸奶、乳饮料、冰淇淋等销量存在季节性波动，夏季天气炎热销量较大，冬季天气寒冷销量较小。

空间上，由于饲养奶牛的饲料、土地、劳动力等的分布原因，我国主要奶源集中在北方地区，如内蒙古、黑龙江、新疆、河北等地，而消费分布在全国各地，尤其是经济发达的东部沿海地区。

奶牛每天挤奶约3次，产奶是连续的，且易腐坏、难保存，企业必须持续采购、生产。但产销不均衡的存在，使企业做不到稳定采购，因此出现了教科书里“奶农倒掉牛奶，不给穷人喝”的故事。过去我国也时常出现奶站限收、拒收的新闻。

没有企业稳定、连续的订单，奶农自然不敢放心生产，原奶成本便无法真正降低。

（二）冰淇淋处理产销波动

想要获取量大、稳定且低成本的奶源，就必须为奶农排忧解难，持续稳定地收购原奶。生产长保质期的乳制品就是很好的解决办法。国外有常温奶、黄油、奶酪、冰淇淋、奶粉等。限于当年包装技术、物流条件落后，2000年以前，我国50%的牛奶加工成了奶粉，但生产奶粉没有门槛，竞争激烈，赚不到超额利润。

当时冰箱开始普及，生产冰淇淋收益高，于是伊利选择了冰淇淋，产销波动出现的多余原奶被加工成冰淇淋销售，以此为奶农解决难题，获取低成本的奶源。

1993年，伊利推出火炬冰淇淋，同样的价钱个头更大，上市即成爆款，供不应求，产销两旺。

1. 验证一：伊利上市初期产品结构

表 12－3 为伊利上市初期收入结构，以此作为验证。

表 12－3　1994—2003 年伊利股份收入结构（%）

年份	1994	1998	2002	2003
冰淇淋	56	51	25	20
液态奶	**30**	**38**	**57**	**63**
奶粉、奶茶粉等	14	11	18	17

数据来源：已披露公开招股说明书及财务报告数据计算所得。

2. 验证二：1996 年伊利上市募资项目

参见伊利招股说明书，当年的募资项目尽是处理原奶产销不均衡、提升奶源质量的招数，如表 12－4 所示。

表 12－4　伊利股份上市募投项目　单位：亿元

项　目	总投资
新建日产 100 吨冰淇淋厂	5490
新建年产 5000 吨奶粉、奶茶粉厂	2265
奶源基地（提供储存、运输、配种、防疫服务）	550
新建年产 2 万吨饲料加工厂（供应奶源基地的奶农）	1700

数据来源：公开招股说明书。

3. 验证三：蒙牛的逆袭之路

1999 年，牛根生创办蒙牛，开启逆袭之路。深谙乳制品生意的他依然选择以冰淇淋起家，当时公司的经营口号是“聚精会神做牛奶，一心一意做雪糕”。招股书只记录了 2001 年后的情况。

表 12－5　2001—2003 年蒙牛乳业收入结构（%）

年份	2001	2002	2003
冰淇淋	38	20	12
液态奶	**60**	**78**	**86**
奶粉、奶茶粉等	2	2	2

数据来源：已披露财务报告数据计算所得。

（三）常温奶处理产销波动

2000 年，利乐包装的出现，牛奶以常温奶的形式实现了长期保质和远距离运输，解决了奶源产销不均衡的难题，大幅降低产品成本。常温奶很快席卷全国。结合表 12－2、表 12－3、表 12－5 可知，2000 年以后，伊利、蒙牛在常温奶发展推动下，高速增长。

（四）三聚氰胺事件后分道扬镳

协助上游更换优质荷斯坦奶牛品种、加强奶源地建设，是保障奶源的关键。企业竞争自然是要加大原料相关的资本投入，比如，自建饲料厂提供给奶农、自建奶牛养殖基地、自建奶站、自建收奶及物流队伍，等等。以上种种经营内容均会在财务报表中增加原材料的比重，即原材料周转天数增加。

作为后起之秀的蒙牛，为了火箭般的发展速度，有限的资源不得不投入在营销端，且奶源建设也不是一朝一夕之功，于是有了蒙牛空手套白狼的经营策略，“先有市场，再有工厂，奶源全靠抢”。

由表 10－2 可知，两公司原材料周转天数自 2006 年起分道扬镳，反映了各自对奶源建设的不同态度，上游奶源保障程度又决定了各自的产品质量。三聚氰胺事件之后，市场对乳制品的质量需求急剧提升，伊利凭借其上游奶源的扎实基础，甩开蒙牛，继续成长。反观蒙牛，为了对赌高速增长，放弃了奶源建设，在三聚氰胺事件后一蹶不振。2009 年中粮入主，牛根生引咎辞职，自此蒙牛彻底输给了伊利。

（五）结语

产销均衡是贯穿全书的视角，作为一流生意的伊利，也不例外。常温奶、冰淇淋是乳制品产销均衡的关键所在，也是伊利、蒙牛的基本盘。

投资点评

伊利凭借国内常温奶、冰淇淋的优势地位，掌握着国内最低成本的奶源，牢牢控制住乳制品行业领袖的地位。公司由管理层控制，且有意逐渐扩大持股比例，“占便宜”的事件将在未来持续上演，但并不妨碍我们向其学习，伊利依然是一流生意的典范。

长远地看，伊利将会依靠国内市场逐年扩张，未来成为世界顶级的乳制品企业，当然这个过程很漫长。

短期看，伊利上游奶牛品种升级已接近瓶颈，且人均牛奶摄入量也不低了，企业发展速度将开始放缓，净资产收益率也将随着下降。

第十三章　涪陵榨菜：褚时健生意秘籍的“订单农业”应用史

涪陵榨菜2010年11月23日上市，至2019年12月共9.1年。

发行价13.99元/股，2019年12月31日后复权股价为146.23元/股，涨幅为9.5倍，年化复合涨幅29.4%。

近5年加权净资产收益率（%）

年份	2014	2015	2016	2017	2018
涪陵榨菜	12.1	12.9	17.6	23.8	30.1

褚时健95亿元生意秘籍：烟草订单农业

1993年分税制改革，云南省需要增加当年财政收入冲基数，找褚老帮忙，褚老开口95亿元，条件是批准他成立红塔集团，对烟草种植、生产、销售统一管理，破除烟草专营制度。当时北京市一年财政收入仅76亿元、安徽40多亿元，上海260多亿元，云南70亿元。当年的95亿元，分量超过今天的1000亿元。

当时烟草实行的是种植、生产、销售独立管理，按计划指标购销，互不干涉。成立红塔集团统领三方，意味着获取对供应链、生产、销售一体的控制。如此，烟厂可以指挥农户按要求生产烟草，即烟田成为烟厂的第一车间，控制供应链提升产品品质、降低成本，提高产品性价比促进销售，产销量提高，上量后生产工法改进，提升效率，降低成本，销售与生产相互促进、良性循环，推动各个环节深化分工，逐步扩大与竞争对手的差距，最终竞争胜出。

因此，供产销集权是产销均衡、良性循环的前提条件，是创造超级生意的基石。时至今日，每一家公司都在管理自己的供产销，但当年这权利何其昂贵，褚老生意智慧惊人，毫无疑问是时代的超级明星。

本部分以褚时健经营的玉溪卷烟厂生意为例，展示企业在供产销集权下，寻觅市场对产品的高品质需求，并指挥上游改良品种迎合需求，即订单农业。

烟叶经过初烤、复烤，贮存发酵（人工发酵不超过1个月，自然发酵需2~3年），之后混合调配，进而制丝、制卷、包装，即可得卷烟。这就是卷烟的生产过程。

改善经营业绩，意味着提升效率，降低成本，最终提高产品性价比。从工艺来看，除发酵、调配需要销售配合外，其他步骤相对简单，应当优先加强生产管理、技术改造；但内部管理及设备技术水平受边际产出递减约束，不可能无限降低成本，下一步的关键因素是原料，即烟叶品质。下面来看看褚老的做法：

（一）整顿工厂管理，提升设备水平

1979年底，褚老来到玉溪卷烟厂，他总结：员工是软、散、懒，车间是跑、冒（气）、滴（水）、漏（原料）。

褚老首先整顿工厂，加强生产管理，而后又引进新设备，提升生产效率，两年便有了起色。

1982年，烟厂产品品质提升，市场销售反应越来越好，当年上缴利税1.82亿元，利润1103万元。这是从未有过的好成绩，烟厂进入了稳步发展期。

1984年，褚老抓住机会，孤注一掷，申请2300万美元的外汇贷款指标，采购进口设备，这吓坏了省委领导。经过4个月的争取，终于如

愿以偿。随后两年，所有进口设备陆续调试，正常投产使用。

（二）认识原料困境，学习美国经验

褚老说：“一口好锅还要有好食材配，不然炒出来的菜还是不好吃。”

1984 年，美国专家考察云南烟叶后，提出存在的问题：第一，烟叶成熟度不够；第二，肥料结构错误且营养不足；第三，种植密度太大，光照不足。

当年，褚老前往美国学习烟草种植。参观菲利普·莫里斯（世界最大的烟草公司），他看到了从原料选择到卷烟生产等一系列工业化经营内容，看到了美国农业的大规模、精细化运作。企业自主管理原料、设备、生产经营，统一调配大量资源，这令褚老心生羡慕，也让他确信卷烟品质主要取决于原料的好坏。

（三）尝试订单农业，拿下供产销集权

褚老说：“烟厂只能负责搞生产，烟草公司管卖烟叶。这种情况叫烟叶调拨，一切都由国家掌控。”

1985 年，褚老找到一个机会，谈下近 2000 户烟农、2400 亩试验田，由烟厂出钱补助烟农，按要求种植，产出的烟叶交给烟厂。

当年，试验田亩产 373 公斤，高于云南省亩产量的 242 公斤；烟叶品质优良，中上等烟叶比例为 80%，过去比例仅为 20%。

1986 年，褚老以利税向省领导争取供产销集权，之后省政府同意烟厂在玉溪市范围实施三合一，即烟草采购、生产、销售合一，给予 10% 的产品自销权。

1986 年，烟叶基地达到 70 万亩，烟田成为烟厂的第一车间。

（四）奠定烟叶质量基础，拉开竞争差距

褚老说：“三合一以后，烟叶的质量提高了很多，玉溪卷烟厂生产

的香烟因为原料好，产品质量也就好，在市场上越来越受欢迎。”

“1986 年开始，红塔山香烟几乎每年涨一块钱。这还是我们控制了的，把这个涨幅控制在一块左右，不然纯粹按市场需求，会涨价更多。”

1987 年起，烟厂开始飞速发展，当年烟厂凭借收入、利润、利税等指标，成为行业第一。1987—1989 年，卷烟厂向国家上缴的利税分别为 7.6 亿元、11.9 亿元、20.3 亿元，1993 年利税 85 亿元，短短几年就把同行甩在身后。

（五）订单农业的正确理解方式

褚老说：“我们把工业的思路放到了农业上，把传统的种烟叶的农民当作工人一样对待，有标准、有要求，也有合理的补助。”

订单农业，是烟厂指挥烟农按照要求种植农产品，把烟农当作工人一样要求。与工人最大的区别是，烟农在烟田里有自身利益，必须辛勤工作才能有收获，因此，每一个烟农本质上是烟厂的小供应商。

企业想要定制高品质原料，需要烟农劳动力的额外付出，自然是要付出额外的代价。烟厂通过各种方式向烟农补贴，比如提供保底收入合同、免费提供技术服务、提供肥料农资补贴、免费建设水利工程及烤房，等等。

1986 年，烟厂对农民的补助是 281 万元，1992 年 3.6 亿元，1995 年突破 10 亿元。

（六）订单农业与销售的良性循环

褚老说：“消费者为什么爱名牌？是因为爱名牌高高在上的质量。”

品牌是品质的背书。品质提升需要持续投入成本，要想事半功倍，必须投入在关键之处。如此，产品性价比提高，需求定律支配下，产品畅销，企业可获取更多的利润反哺生产品质，持续提升产品性价比，生产与销售形成良性循环。

烟厂不少中层干部很不理解，认为对烟农补助过高，成本增加太多。褚老给他们算了一笔账：“国家收购烟叶一般是 9 元的平均价，但我们加上补助的收购价是 16 元，高质量烟叶还能到一公斤 20 元。不过，烟厂平均一公斤烟能卖到 220 元，而别的生产厂家平均也就 40 元。我付出一分成本，利润增加两分三分，哪个划得来？我计较的是利润有没有增加。”

1988 年，全国烟草行业 13 种名烟价格放开。褚老说：“这一轮竞争如果被别人打倒，不知要被压多少年。”他明白这是名烟市场分化的关键时刻，所以他要求提升红塔山、玉溪等高档烟的烟叶品质，把带烟疤的烟叶全部降级。

1991 年，褚老将烤烟的人工发酵（不超过 1 个月）改为长期储存自然发酵（2～3 年）。

以上均为对烟叶质量的持续投入。没有投入何来烟叶品质提升？没有品质提升，红塔山又如何做到每年上涨 1 块钱？没有上涨的 1 块钱，何来增量资源持续投入烟叶品质？生产与销售不能脱节，供产销集权是良性循环的前提条件，95 亿元的买断是顶级生意智慧。

对比之下，所谓互联网创业，总是鼓吹股东补贴资源，提升产品性价比抢占市场份额，从不在意自身生产管理提升。竞争之下，生产管理上总是输一筹，如何进入良性循环？一味补贴只能培养出“温室花朵”，差距只能逐步扩大，瑞幸、乐视是前车之鉴。

（七）结语

本部分以烟草生意为例，讲解了褚时健订单农业的生意秘籍。下面继续以订单农业的视角，尝试解释榨糖、榨菜、白兰地的生意，试试举一反三的效果。

“小小榨菜”连年涨价的秘密

沿着订单农业的思路，来看看 A 股明星企业——涪陵榨菜的成长历程，并结合报表数据相互印证。

榨菜生产是以青菜头为原料，经过三次加盐腌制压榨，酵藏熟化之后，继续加工即为榨菜，其中第二次腌制里有发酵过程（约 20 ~ 25 天），第三次腌制及贮藏期较长（约 6 个月以上）。

酵藏贮存过程是榨菜加工的后熟过程，是鲜味、香气形成的重要过程，其间有复杂的生化反应（非发酵）。从生产工艺看，榨菜产出质量必然不稳定，因此必须对产品分级销售。2011 年之前有“健牌馋猫榨菜”，今天有“乌江碎米系列香辣口味榨菜”“乌江系列麻辣口味榨菜”，辣味的痛觉和热觉是掩盖瑕疵的绝佳选择。

从生产工艺看，榨菜与卷烟类似，发酵、腌制贮藏步骤需要销售配合，其他步骤很简单，生意的关键在于青菜头的质量。

（一）涪陵榨菜实现工业化

2000 年初，周斌全调任涪陵榨菜总经理，当时公司年产能不足 1 万吨，年亏损 500 多万元，春节都发不出工资。

巧合的是，公司从前的榨菜厂在三峡蓄水后被淹没，获得 1.4 亿元移民迁建资金，这笔钱成就了公司的改革之路。

2000 年，为扭转亏损局面，周斌全开始加强生产管理，主张技术改造，实现榨菜生产工业化，摸索制造了第一条榨菜自动化生产线，生产效率大大提高，当年实现扭亏。2001 年，销售额 1.5 亿元，2002 年销售额达 2.2 亿元。

降本增效由易到难，生产管理提升了，设备逐渐更新，生产能力提升，接着便有额外的资源去解决榨菜发展最大的问题：原料。

（二）青菜头的地理局限

青菜头是冬季轮作蔬菜，与水稻、玉米、蚕桑等轮作，单独种植不划算，在 9 月播种，10 月移栽，次年 2 月收获。在涪陵地区最冷的 4℃～5℃和大雾环境下生长，可以形成致密的组织结构，具有特别的嫩脆品质。

20 世纪 30 年代至今，四川、浙江、湖北、江西、福建、江苏、安徽、河南等地尝试过种植青菜头，但生长状况不理想，或瘤状茎变小，或瘤茎空心，或不够致密嫩脆。

因此，我国青菜头产地具有明显的区域性特征，集中在重庆和浙江，两地种植面积约占全国 80%。2010 年，重庆约 75 万亩，其中涪陵区约 57 万亩；浙江约 30 万亩。重庆涪陵区是青菜头种植面积最大、密度最大、质量最好的地区。

（三）青菜头产品局限

从原料来看，青菜头收获期仅 1 个月，加盐腌制后可长期保存；单价低，每吨不足千元，运输半径约束强。因此，榨菜加工企业不能远离原料产地；农作物种植有株间距的要求，单位面积的产量有限，因此，合理运输区域内的青菜头产量有限，榨菜企业之间会争夺原料。

截至 2010 年 6 月末，公司在涪陵区分布着 7 个榨菜生产厂，6 个原料收购站。

（四）订单农业：青菜头提质增量

涪陵区有大量的榨菜企业，竞争之下，订单农业就是要自己吃饱吃好，并将“垃圾”推给对手。

1. 培育良种，技术服务

公司与涪陵区农业科学研究所合作，不断推出高产榨菜种子，如永安小叶、涪杂1号和涪杂2号等，以免费或低价方式供给种植户；聘请专家、组织技术人员对菜农进行种植方法的系统培训。

涪杂2号是青菜头种植的当家品种，抗病强，收获期长，成菜率高，产量比其他品种高出20%。

过去，涪陵青菜头一年种植一季，种植区域局限在长江流域海拔300米以下。涪杂2号出现后，将可种植区域扩大到了海拔900米，且开了涪陵一年种植两季青菜头的先河。2018年，涪杂2号在涪陵已推广种植30多万亩。

2. 保障利益，提高积极性

公司在采购青菜头方面，采取订单合同（约定固定价收购，确保农户利益）、保护价合同（市价与保护价孰高定价，提高农户积极性），即以高价鼓励农民种植、提升青菜头品质，以保障采购数量和质量。

2011年，公司建设规模性原料基地15万亩，基地内良种率100%，亩产3吨以上，当年青菜头产量50万吨。

1997年，涪陵的青菜头种植面积仅有24.5万亩，产量44.2万吨。在榨菜商业利益带动下，2018年种植面积72.5万亩，产量160万吨，能种的地都已经种满了。

（五）小小榨菜年年涨价

小小的榨菜为什么年年涨价？道理与当年的红塔山一样，青菜头质量提高，推动榨菜品质持续提升。

涪陵榨菜是上市公司，如何通过财务报表发现其品质提升的蛛丝马迹呢？生产工艺、原材料局限决定生意重点。产品提质，一定是提升青菜头质量和加工质量。

首先，在采购方面，加大新鲜青菜头采购比例，自己进行三腌三榨以提升加工质量。公司披露“腌制青菜头的窖池极占空间，公司不会在青菜头收割时一次性足额采购新鲜青菜头，而是在生产过程中视生产需要向加工户采购青菜头粗加工产品”。自己加工可以提升原料品质。

其次，在生产方面，延长酵藏后熟时间意味着加工质量提升。

以上提质内容在财务报表中的表达均为原材料周转天数增加。

表 13－1　2010—2018 年涪陵榨菜经营及库存情况

年份	2010	2011	2012	2013	2014	2015	2016	2017	2018
预收账款（亿元）	0.79	0.8	0.54	0.65	0.51	0.63	1.49	2.38	1.55
毛利率（%）	32.4	36.5	42.4	39.6	42.4	44.0	45.8	48.2	55.8
净利润（亿元）	0.56	0.88	1.26	1.41	1.32	1.57	2.57	4.14	6.62
原材料周转天数	**64**	**72**	**87**	**95**	**113**	**114**	**105**	**107**	**141**

注：青菜头种植 1 年 1 季，当年 9 月播种，次年 2 月收获，年中原料库存较高，年末库存较低，因此原材料周转天数以 6 月末数据计算，2018 年数据为 2019 年 6 月末数据。

数据来源：已披露财务报告数据计算所得。

真实世界的生意有竞争，无缘无故的提价是找死，脱离同行独自提价必须以产品提质为基础。榨菜提价与增加原料端资本投入，相互促进，良性循环，见表 13－1。品质提升一旦被市场接受，提质必然推动量价齐升，业绩持续增长。

（六）结语

涪陵榨菜是订单农业典型的成功案例，相似的案例处处都有，伊利是同样的逻辑。

订单农业的反面教材：榨糖、白兰地

订单农业意在指挥上游原材料领域专心生产，供应足量、足质的原料。订单农业发挥作用，必须满足如下条件：第一，给予上游农户足够的利益，驱使其心甘情愿地专注生产；第二，同样品质的原料，供应成本必须低。下面从反例角度看看南宁糖业、张裕白兰地。

（一）南宁糖业：饥肠辘辘

榨糖传统工艺是甘蔗经过切碎碾压，压榨出来的汁液除杂质，之后高温熬煮，蒸发水分，高浓度的糖浆在冷却后凝固成固体块状的粗糖，即红糖；再经过离心机分离糖蜜，即可得白糖。从生产工艺来看，榨糖很简单，内部管理、技术提升受边际产出递减约束，不可能无限降低成本，因此，竞争的关键是“吃饱饭”，提升开工率。

甘蔗单价低，约500元/吨，且甘蔗生长的光照、通风条件影响其产量及含糖量，种植密度不能过大，运输半径约束强；甘蔗收割后就近榨糖，糖本身就是防腐剂，保质期约束弱。

在甘蔗运输半径约束下，糖厂的经济采购半径有限，区域内供应量有限。广西约占国内六成的食糖产量，糖厂林立，采购区域重叠，每年榨季来临，抢甘蔗层出不穷，原料保障是所有糖厂的头等大事。

加强原料保障意味着加大原料采购的资本投入，如增加原料储备量、延伸原料供应链、自营原料物流、自营原料种植、增加生产流程或时间等。上述经营内容在财务报表中会增加原材料的比重，其报表表达均为存货周转天数上升。

表 13－2　2003—2018 年南宁糖业经营及产能利用情况

年份	2003	2006	2009	2012	2015	2018
糖产量（万吨）	53.1	43.7	56.5	50.6	50.3	60.0
产能—榨甘蔗（万吨/日）	**2.2**	**2.6**	**2.8**	**3.2**	**3.3**	**4.8**
毛利率（%）	19.9	30.2	22.7	13.6	14.3	－8.1
净利润（亿元）	1.1	1.7	1.3	－3.3	0.5	－13.8
原材料周转天数	**15.5**	**21.0**	**20.4**	**20.5**	**14.3**	**44.7**

注：2018 年原材料周转天数上升原因：公司自 2016 年自建甘蔗种植基地，2017 年末自营种植 13.32 万亩，后因自营亩产远低于行业平均水平，而将大部分转包，2018 年末仅自营 2.5 万亩。

数据来源：已披露财务报告数据计算所得。

南宁糖业约占广西产量的10%，由表13－2可见，2003—2015年，日均产能持续增长，产量却停滞不前，意味着其常年与周边糖厂争甘蔗原料，年年“吃不饱”，开工率逐年下降，恶性循环。2016年，公司拼死一搏，妄想自种甘蔗以补充原料，但自营种植成本太高，违背经济规律，导致连续巨亏，在资本市场挂上了“ST”的帽子，应该快“饿死”了。

（二）褚时健“榨糖”的关键：“吃饱饭”

争夺原料很简单，价高者得，只要多付一些，要多少有多少。难的是多付的部分从何而来？只有在生产管理上节省出来一点点，逐步投入原材料收购里，提高开工率，进而良性循环。如果股东一味补贴，生产管理上总是输一筹，竞争之下，差距必然逐步扩大，瑞幸、乐视是前车之鉴。

1963年，褚时健到新平县曼蚌糖厂担任副厂长，糖厂多年来只赔不赚。他用1个多月调查清楚亏损关键，随即着手降低燃料成本，如刮锅垢增加受热面积、用干燥后的甘蔗渣替代褐煤；提高出糖率，如增加蒸煮流程，滚筒从3个增加到6个。随后，加大技术改造投入，培训、挖角技术人员，改用真空蒸汽锅煮糖等。原来1斤糖用5.5斤燃料，改进后只耗0.8斤；原来一级品率不到15%，改进后的产品比一级品还棒。

降本增效由易到难，生产管理提升了，企业扭亏为盈，生产能力大大提高，接着便有额外的资源去解决糖厂发展最大的问题：原料。

1. 提供技术服务

当时在新平，甘蔗种植面积是国家的硬性任务，农民种甘蔗经验少、办法少，也不是很上心。

褚时健到糖厂后，经常往山上的蔗田跑，和蔗农交流，了解甘蔗种植情况。很多甘蔗长得不好，是因为脚叶太密，通风、光照不足，于是他建议蔗农做疏叶工作，打掉一些脚叶，提高甘蔗的含糖量。蔗农们忙不过来，他发动工人帮忙，目的就是要甘蔗长得好。他还从厂里抽调工人，专门为蔗农修理农药喷雾器，挨家挨户上门检查喷雾器、说好话，让蔗农们及时喷药除虫，甘蔗打了农药后，不生虫了，产量提高了。

2. 修路换甘蔗

甘蔗种植面积是硬性任务。褚时健发现很多甘蔗地产量不错，但车开不进去，只能遗弃在地里。他索性从厂里申请费用，帮助蔗农把路修出来。同时，褚时健和有大量荒地的生产队商量，他负责把荒地的路修出来，生产队负责组织农民在荒地种甘蔗。双方一拍即合，于是，糖厂每年又多收了几百吨甘蔗。

3. 烤酒换甘蔗

当地傣族人酷爱喝酒，而当时酒类属于凭票购买的紧俏物资，市场上根本买不到。褚时健便想到，用糖厂生产的甘蔗烤酒当成种植甘蔗的奖励，低价卖给附近的傣族村民。他向村民们保证说："如果甘蔗种得多，到时候一家就多卖给你们 3 斤酒。"

（三）张裕白兰地：付不起工钱

白兰地是葡萄经过发酵、蒸馏，再经橡木桶贮藏陈酿而成。白兰地与白酒一样，是蒸馏酒。高档白兰地是用葡萄酿造而成，中低档白兰地是用葡萄皮渣酿造，加糖蜜、酒精等混合勾兑，经过调香和贮藏而成。

可雅白兰地是张裕借鉴法国科涅克白兰地酿造方法酿造的，葡萄品种采用的是白玉霓，是法国干邑地区酿造白兰地的主要葡萄品种。张裕在 20 世纪 90 年代经过葡萄园的栽培试验，证明白玉霓适合在烟台

图 13－1　张裕各等级白兰地产品列示

栽种。

1. 唯一的国产白兰地：张裕

2017 年，张裕白兰地年销售额突破 10 亿元，占国产白兰地市场份额的 96%。好尴尬的数据，国产白兰地销售额为何这么少？国产白兰地企业为何只有张裕？

这是因为白兰地生产时间太长。白兰地发酵蒸馏后，要经过橡木桶贮藏多年，例如 X. O 级，虽然国家规定至少 6 年，但实际上需要更长的时间贮藏，如图 13－1 中，可雅 X. O 级桶藏 15 年、V. S. O. P 级桶藏 6 年。

同时，人头马、马爹利、轩尼诗等洋品牌已经牢牢占据了白兰地的核心品牌地位，难以撼动，与其竞争得不偿失。

真实世界的生意，总是要考虑好未来的产销安排。投入资源如果预期无法获得回报，谁会在今天投入？考虑到提前种植合适的葡萄原料，产品上市、产出回报至少 8 年以上，高端白兰地的等待期太长了，产销如何平衡？显然是不划算的。

2. 白玉霓基地缩水

2000 年初，张裕提及其在烟台地区已建成 3000 亩白玉霓葡萄基地，时至今日，可雅白兰地酒庄官方披露变成了 1000 亩。原因何在？

表 13－3　2000—2018 年张裕白兰地收入、利润情况

年份	2000	2005	2010	2015	2018
白兰地收入（亿元）	1.99	3.63	6.46	8.83	9.99
毛利率（%）	—	61.0	61.7	65.2	59.6
国内白兰地消费量（吨）	—	—	7.55	12.17	17.25

数据来源：已披露财务报告数据计算所得。

由表 13－3 可知，国内白兰地消费量从 2010 年至今，年复合增长率为 10.9%，张裕白兰地收入年复合增长率为 5.6%，再考虑多年来酒价上涨，张裕高端白兰地被“人马轩”等洋品牌稳稳地压制住了，增长很慢。

没有产品的旺销，谁敢往订单农业里持续投入资源？没有工钱，谁为张裕种植白玉霓？还不如在烟台种植鲜食水果赚钱，白玉霓的种植基地就这么缩水了。

（四）结语

订单农业的失败，要么用错了方法，要么付不起工钱。南宁糖业在管理上落后，始终没有额外资源投入原料收购上，因此开工率持续下降，最终不得已自己种，简直是搬起石头砸自己的脚。

张裕的情况也很简单，赚不到钱，付不起工钱，种不出优质白玉霓，生产不出高性价比的白兰地，最后陷入恶性循环。

投资点评

订单农业的分析视角，建议大家结合伊利股份、果汁反例思考学习。

涪陵榨菜，自 2018 年第 4 季度，市场对其产品接受度下降，预收款 4 年来首次同比下降。渠道上的低迷体现到业绩上不可避免——2019

年第2季度公司净利润下滑。公司经营确实出了问题，但业绩下滑不能说明一切，重点是分析公司解决行业困难的能力下降了吗？

梳理一下，涪陵榨菜原料地利、保障、品质优势仍在，暂时遇到了挫折，在市场考试中“跪”了。但“护城河”的基本盘仍在，翻身并不是难事，不应对其过分悲观。至于何时能迈过沟坎继续前进，只能等待财务报表的信号，不可主观臆测。

第十四章　海天味业：高品质酱油的发酵蜕变史

2014 年 2 月 11 日上市，至 2019 年 12 月共 5.9 年。

发行价 51.25 元/股，2019 年 12 月 31 日后复权股价为 420.22 元/股，涨幅为 7.2 倍，年化复合涨幅 43.0%。

近 5 年加权净资产收益率（%）

年份	2014	2015	2016	2017	2018
海天味业	33.0	32.0	32.0	31.0	32.7

酱油是我国消费量最大的调味品。海天酱油在国内市场遥遥领先，享受约 60 倍超高 PE，无疑是 A 股的超级明星企业。那么，海天的“护城河”到底是什么？

本章以海天味业、中炬高新（厨邦）、千禾味业、加加食品为例，从酱油的生产困难出发，提出产销均衡对于酱油品质提升、降低成本的关键作用，并以在产品、产成品、预收账款数据验证，从而论证海天高品质酱油的独家之秘是产销均衡，即真正的“护城河”。

酱油生产的生意逻辑

酱油生产是以大豆、小麦为原料，经蒸煮、曲霉菌制曲后与盐水混合，再经发酵、调配即成酱油。

酱油生产有三个关键局限，一是发酵生产，产出品质不稳定；二是酱油产销天然不均衡，春夏是生产旺季，秋冬是消费旺季；三是保质期在 1.5 年左右，货架期有限，须尽快销售。围绕生产困难深化分工是建立“护城河”的必然方向。

（一）发酵产出不稳定

酱油为发酵生产，微生物代谢受菌种、温度、湿度、压力、空气、水土等多种因素影响，发酵过程不可能精准控制，即使同一工厂同一批次的产品，品质也不同。产出品质不稳定是行业的共同困难。因此，如何惠而不费地提升产品品质，是酱油企业的共同追求。

产销规模及排产稳定（即产销均衡）是工业化集中生产降低成本、提升品质、拉开竞争差距、进而良性循环的关键。因此，上述酱油提质的难题，可以转化为如何让他人无从模仿地提升产销规模及排产稳定性。

酱油产出品质不稳定的难题，行业内普遍使用“产品分级吃垃圾”的方法，将产出酱油调配分级，不达标的产品调配成低级产品，以此稳定各层次产品品质。比如，海天、厨邦各层次产品标识“特级、一级、二级、三级”，代表不同的氨基酸态氮含量。虽然“吃垃圾”谁都可以做，但想要做好，核心仍然是产销规模及排产稳定性。

（二）天然产销不均衡

传统酿造酱油讲究“春曲、夏酱、秋油”。酱油发酵对日照时间、温度有较高要求，冬天温度低、日照短，不适合生产，出品率不稳定。

广式酱油对昼夜温差、季节温差、日照强弱要求更高，需要约 3 个月的日晒夜露进行发酵。为保证品质，冬天需要 4 ~ 5 个月发酵，所以海天、厨邦、李锦记等品牌的产能只能在广东布局。

春夏是生产旺季，秋冬是消费旺季，这是天然的产销不均衡。

综上，酱油生产的品质竞争，最终是产销规模及排产稳定性的竞争，是产销均衡的竞争，是无法模仿的提质优势的竞争。

产能利用率的胜出

（一）高比例的餐饮渠道

根据券商研报，海天餐饮渠道（餐馆）收入占比约为70%，厨邦约为25%。第一季度为年末聚会的餐饮业旺季，由图14－1可知，海天第一季度收入比例全年最高，且稳定高于厨邦，反映了海天的餐饮渠道特征，也反映了餐饮业对海天产品的认可。

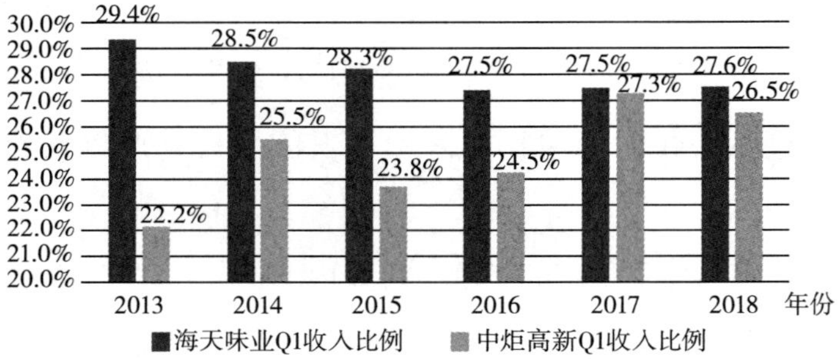

图14－1　海天、中炬第一季度调味品收入占全年比例

数据来源：已披露财务报告数据计算所得。

餐饮业对酱油性价比、品质稳定性要求很高。对餐饮业来说，一是酱油用量大，原料性价比很重要。二是厨师做菜是用大勺凭手感加酱油，用量稳定，追求效率，不可能像家里做菜一样，边加边尝。如果酱油品质不稳定，菜品咸淡就会变化。原料的品质不稳定是餐饮生意不可接受的。

（二）货架期的绝对优势

高比例餐饮渠道是强大的货架期优势。餐饮周转快，略微降价即可接受渠道临期产品，对货架期不敏感。当然，餐饮渠道之利也不是凭空所得，没有稳定的高品质、绝佳的性价比，餐饮老板们是不会接受的，此优势是竞争的结果。

表 14－1　2014—2018 年各酱油企业预收账款比当期营业收入（%）

年份	2014	2015	2016	2017	2018
海天味业	**20.6**	**9.9**	**14.5**	**18.4**	**19.0**
中炬高新	2.6	3.1	6.4	5.8	5.4
千禾味业	2.9	3.9	5.3	4.5	3.9
加加食品	1.1	1.9	2.2	0.8	0.8

数据来源：已披露财务报告数据计算所得。

由表 14－1 可知，海天味业预收账款比当期营业收入值远胜于同行，结合其高比例的餐饮销售渠道，这说明海天渠道库存货架期较短、周转快，为产销均衡创造了空前的优势。

（三）在产品的稳定排产

表 14－2　2014—2018 年海天味业、中炬高新调味品收入　单位：亿元

年份	2014	2015	2016	2017	2018
海天味业	98	113	125	146	170
中炬高新	23	26	29	35	38

注：千禾味业、加加食品的存货变化趋势与中炬高新相似，不再单独列示。
数据来源：已披露财务报告数据计算所得。

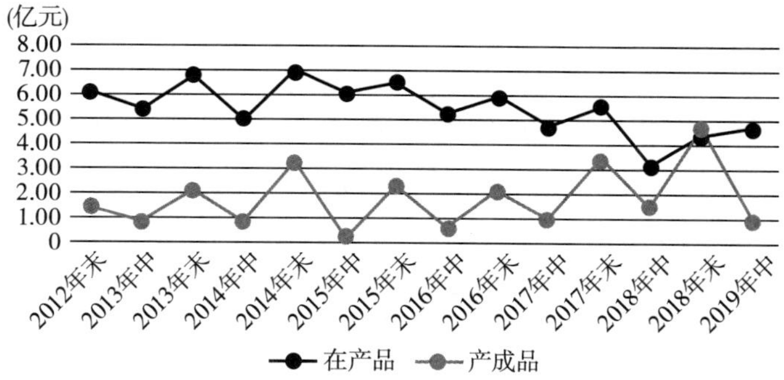

图 14－2　2012—2019 年海天味业在产品、产成品变化

数据来源：已披露财务报告数据计算所得。

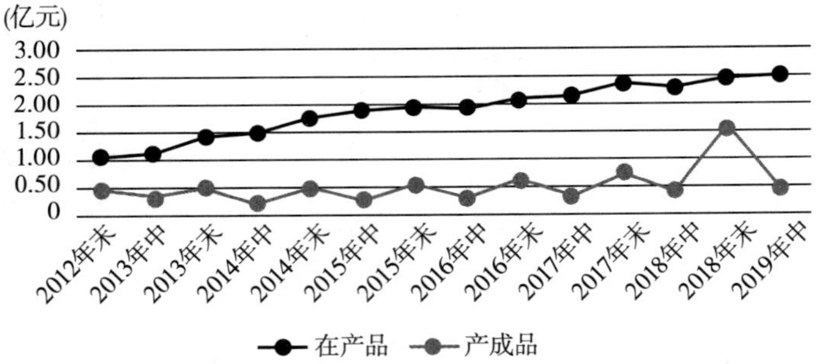

图 14－3　2012—2019 年中炬高新在产品、产成品变化

数据来源：已披露财务报告数据计算所得。

由图 14－2、图 14－3、表 14－2 可知，中炬高新随着调味品收入逐年增长，在产品、产成品规模逐年上升，这是业务规模扩张的合理报表特征。反观海天在产品，竟然在 2015 年后呈现逐年下降的趋势，产成品在逐年上升，两条曲线在 2018 年相交。

显著异常的财报数据通常有着深刻的经济内容。

综上，货架期的优势，让海天可以从容地提前备货，在报表内堆积产成品，如此，在产品按照销售计划稳定排产，强化产销均衡，产能利用率上升，峰值资源配置降低，即在产品金额逐年下降，在产品天数逐年减少。产能利用率验证如下：

表 14－3　2014—2018 年海天味业、中炬高新固定资产周转天数 单位：天

年份	2014	2015	2016	2017	2018
海天味业	**103**	**104**	**104**	**94**	**79**
中炬高新	128	162	144	123	112

注：海天自 2010 年起，开始 150 万吨调味品扩建项目，分三期，每期 50 万吨逐步达产，2015 年建设完成，达到短期产能峰值。

数据来源：已披露财务报告数据计算所得。

由表 14－3 可知，海天固定资产周转天数远胜中炬高新，即企业排产稳定，产能利用率更高，且两公司差距在扩大。

发酵时间的胜出

（一）产成品 U 形曲线

图 14－2、图 14－3 是本章核心内容，建议读者对此多思考。海天、中炬的产成品曲线每年呈现一个 U 形变化（实际经营中是 U 形，图中是 V 形），这是因为每年第一季度是酱油消费旺季，但冬天日照、温度条件不适宜，发酵时间长（4～5 个月），产能下降，必须提前备产，因此年末产成品金额较高；春夏是消费淡季，且发酵时间短（3 个月），产能上升，因此年中产成品金额较低。

这是行业产销的共同困难，因此，海天、中炬产成品曲线变化趋势一致。

（二）在产品 U 形曲线

由图 14－2、图 14－3 可知，海天每年在产品曲线是 U 形，但中炬在产品曲线是相对稳定的直线，显著的差异一定有经济内容。

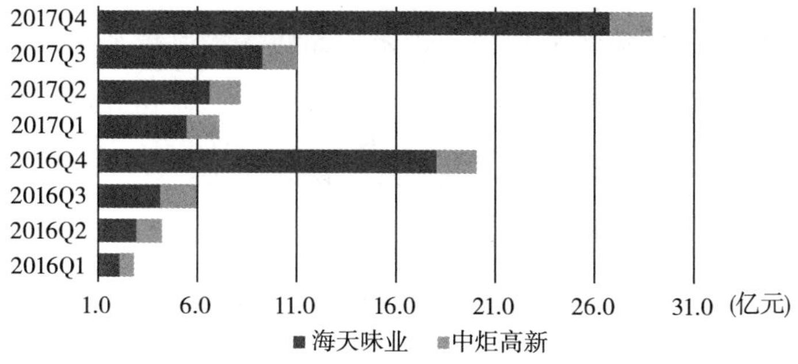

图 14－4　2016—2017 年海天、中炬各季度预收账款

数据来源：已披露财务报告数据计算所得。

由图 14－4 可知，两公司第 4 季度末预收款金额远高于其他时间，尤其是海天。预收款是“主机厂”向经销商让利，获取未来需求信息提前排产的经营安排。高让利意味着大困难，第 4 季度末的高额预收款，指向生产上存在很大的困难，需要经销商协助解决，即冬天的发酵困难。

冬天酱油生产出品率不稳定，为保证发酵品质，一定要延长发酵时间，显然海天年末在产品升高（可理解为周转降速，产能下降），是延长发酵时间的结果。

中炬高新，年末与年中在产品金额差异不大，有两种可能性：一是在产量缩小、发酵时间延长的情况下，在产品金额变化不大；二是放弃延长发酵时间，保产量，忍受出品率不稳定。如此高品质酱油肯定无法保证，中低品质酱油可以通过调配稳定品质。第一季度是消费旺季，不可能降低产量，只能是第二种情况。

为何中炬与海天的选择不同？根源还在销售渠道上，中炬预收款比例低，餐饮渠道比例低，市场对其高品质酱油并不认可，即使支付额外代价，延长发酵时间提升品质，消费者也不会埋单。这是竞争的结果，是不得已的选择。

综上，海天产能利用率持续提升，叠加全年 U 形排产稳定品质，产销均衡上的优势越来越强，带来的品质优势也越来越强。产品溢价怎么会浪得虚名？高资产周转率岂能凭空得手？杜邦分析、管理文化浮于表面，永远抓不到关键，沉迷于此，误人误已。

稳定排产的经济效果

产销均衡推动产品品质提升，降低成本，拉开竞争差距。这一生意逻辑相对抽象，大家也许不容易理解，最后还是让海天的经营业绩来证明吧。

由图 14－5 可知，海天预收账款减去存货的余额，在 2017 年第 1 季度出现转折，该余额快速上升，随后转正，即预收款大于存货，这意

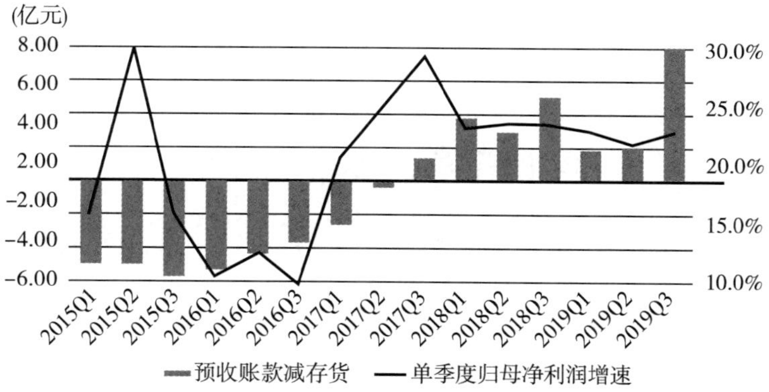

图 14－5　2015—2019 年海天味业排产情况与利润增速

数据来源：已披露财务报告数据计算所得。

味着订单量超过在产量，排产游刃有余。产销均衡指挥下，企业价值岂有不升之理？

投资点评

酱油是一门超一流生意，可以在风味上与竞争对手拉开极大的差距，所以估值也很高。作为价值投资者，确实无法下注。不过，学习其生意知识才是最重要的。酱油是个好案例，但本章内容确实相对抽象，建议读者多读、多思考、多查阅相关资料，而不要随意否定。

第十五章　双汇发展：火腿肠与冷鲜肉的“垄断”发展史

双汇发展 1998 年 12 月 10 日上市，至 2019 年 12 月共 21.1 年。

发行价 6.24 元/股，2019 年 12 月 31 日后复权股价为 604.09 元/股，涨幅为 95.8 倍，年化复合涨幅 24.3%。

近 5 年加权净资产收益率（%）

年份	2014	2015	2016	2017	2018
双汇发展	28.6	27.2	28.3	31.4	34.1

双汇的生意逻辑：“吃垃圾”

双汇发展是国内最大的肉类供应商，主要从事畜禽屠宰、鲜肉及肉制品加工业。曾经的“白马”成长股，却在 2013—2017 年净利润复合增长率不足 5%。市场已不再相信双汇是成长股，只按分红股估值，成为食品饮料行业估值最低的优质公司。

蛋白质产品（猪、牛、羊、鸡、鸭、鱼）不同部位品质不同。随着国内收入水平提高，各种生鲜肉分割越来越精细，随之而来的共同难题是：精细分割后的边角料、口感差的部位（本书统称“垃圾”）如何处理？

本部分提出“吃垃圾”安排的一般化视角，用以解释蛋白质产品分割中“垃圾”处理的分工内容。供给创造需求，成功的“吃垃圾”可以显著降低蛋白质产品供给成本，从而提升产销规模，进而良性循环，竞争胜出。本部分以双汇发展的冷鲜肉、肉制品为例，解读双汇的生意逻辑。

（一）屠宰行业的关键困难

1. 鲜肉消费带来的“垃圾”① 处理难题

回到生猪屠宰，不论是冷鲜肉的预分割，还是热鲜肉在农贸市场里的“顾客指哪，不给哪”，边角料的产出是不可避免的。另外，鲜肉保质期短，少量滞销的肉可以做各类肉馅，但多的怎么办？北京新发地市场的白条猪，每天的返厂比例约为10%。运回去能做什么？冻肉？如此则价值不可避免地下跌。

2. 原料吃不饱

屠宰行业的困难请参考第十三章榨糖生意、第十九章苹果汁生意。

屠宰业毫无门槛，与榨糖、榨苹果汁一样，只有加工内容。此类生意的关键困难是收不到足够的原料，开工率不足。原料饲养、种植有空间约束，单位面积产量有限。受运费约束，经济收购半径内的原料有限。原料竞争价高者得，但竞争之下，企业拿什么来支付额外高价呢？拿不出来，这就是工厂普遍吃不饱的困难。

管理上胜出，可以节约一点资源，但效果有限，不足以诞生一门超级生意。如果没有独门武功解决困难，生意只能是不入流，如单独屠宰、榨糖、榨苹果汁，现实中皆是烂生意。

3. 生鲜肉产销不平衡

由图15-1可知，参考温氏出栏情况，生猪出栏量相对稳定，但鲜肉消费量有较大的季节性波动，参考重庆旺峰鲜肉销量（屠宰场），旺

---

① 本部分“垃圾”是指，生鲜肉分割带来的边角料及滞销的生鲜肉。

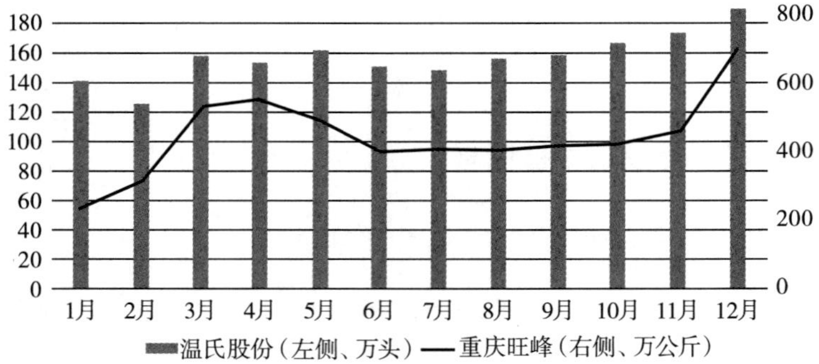

图 15－1　2017 年温氏股份出栏量、重庆旺峰鲜肉销量对比

数据来源：已披露公开招股说明书及财务报告数据计算所得。

季鲜肉销量是淡季的 2～3 倍，存在较严重的产销不均衡现象，导致生猪价格波动较大，供需双方盯着猪价行动，进而产生猪周期。

鲜肉产销不均衡时，供给大量生猪，供过于求，猪价在低谷，屠宰场肯定要多宰，卖不出去的鲜肉以冻肉形式储存，等涨价时再卖，反之亦然。总之是以冻肉来削峰填谷，但冻肉价值下跌不可避免。

（二）“吃垃圾”的取胜之道

早年的双汇，收猪每斤比市场价多出 2 分钱，于是周边农户的猪“自发地”冲进屠宰场，促使开工率提升，这是管理上节约出来的资源投入。后来万隆老爷子又练成了独门武功，使用火腿肠“吃掉”边角料、每天的滞销肉，相比冻肉卖出了高价，将额外的资源持续投入生猪收购中，提升开工率。

“吃垃圾”主要依靠高温肉制品，其优势有二：一是“垃圾”原料品质不稳定，需要斩拌成均一、黏稠的肉馅，以稳定产品品质。二是高温杀菌后延长保质期，提升处理鲜肉产销不均衡的能力。

如此，火腿肠不仅吃了冷鲜肉的“垃圾”，也为生鲜肉销量波动削峰填谷（见图 15－1），解决了屠宰部门的鲜肉产销不均衡，惠而不费地降低了肉制品的猪肉成本；同时，因为“吃垃圾”，降低了分割肉的成本，增强了冷鲜肉（分割肉）的盈利能力。火腿肠与冷鲜肉相互促进，良性循环，他人无从模仿，双汇构筑出坚不可摧的“护城河”，体现在报表上，即过去10年双汇30%的超高ROE。这无疑是超一流生意。

（三）双汇生意逻辑的验证

双汇生意逻辑的核心是火腿肠与冷鲜肉的“吃垃圾”，进而为生鲜肉销量波动削峰填谷，解决屠宰部门产销不均衡的问题，验证如下：

1. 验证：火腿肠“吃垃圾”

1991年之前，双汇向苏联出口冻肉来处理“垃圾”，解决屠宰部门的鲜肉产销波动。苏联解体之后，双汇转向火腿肠生产。由于其保质期长，可以处理边角料和滞销肉且价值较高，火腿肠成为双汇的主力产品。

表15－1为双汇上市初期收入结构。

表15－1　1995—1997年双汇发展收入结构（%）

年份	1995	1996	1997
火腿肠	88	86	84
鲜冻猪肉	8	6	6

数据来源：已披露财务报告数据计算所得。

表15－2为1998年双汇上市的募资项目，大多数是肉制品项目，可以用于“吃垃圾”、处理生鲜肉销量的产销波动。

表15－2　1998年双汇发展上市募资项目情况

序号	项 目	总投资（万元）
1	王中王火腿肠技改（新增3万吨产能）	5304
2	热狗肠技改（新增1万吨产能）	4467
3	西式火腿技改（增至1万吨产能）	4886
4	高温精制火腿（新增1万吨产能）	5276
5	多层共挤高阻隔复合膜（年产2500吨）	5117

续表

序号	项 目	总投资（万元）
6	生猪养殖基地（年出栏50万头）	5401
7	收购华北双汇（集宁肉联一厂、二厂）	4600
8	蛋白奶（年产1万吨）	4709

数据来源：公开招股说明书。

2. 验证：最低的生猪成本

双汇采用肉制品“吃垃圾”的方法，处理生鲜肉的产销波动，从而获得较低成本的猪肉，更有效率地提升肉制品质量。因此，没有上述独门武功的企业，猪肉成本一定更高，竞争之下，其肉制品毛利率会更低。

表15－3 2018年肉制品公司产品毛利率对比（%）

企业	肉制品毛利率
双汇发展	**30.3**
雨润食品	20.6
龙大肉食	25.2
得利斯	25.4

数据来源：已披露财务报告数据计算所得。

由表15－3可知，双汇肉制品毛利率显著高于竞争对手。龙大、得利斯没有专门的高温肉制品“吃垃圾”，雨润高温肉制品比例很低。2018年雨润屠宰生猪661万头，高温肉制品收入仅2.5亿港元；双汇屠宰1631万头，高温肉制品收入147亿元。雨润也没有“吃垃圾”的能力。

表15－4 2018年双汇与美国肉制品公司营业利润率对比（%）

企业	肉制品经营利润率
双汇发展	**20.5**
史密斯菲尔德	10.1
荷美尔食品	13.4

数据来源：已披露财务报告数据计算所得。

美国猪肉消费主要是分割冻肉、半成品（培根、火腿、肉肠等），保质期长，生鲜肉消费量少，因此不存在生鲜肉带来的“垃圾”难题。没有这些困难，竞争之下，世界上最大的肉制品公司荷美尔、史密斯菲尔德，谁也练不成独门武功，所以谁也赚不到超额回报，产品经营利润率与资本回报率均远低于双汇，本质上中美猪肉生意完全不同。

3. 验证：品质最佳的冷鲜肉

火腿肠为双汇生鲜肉吃了“垃圾”，降低了分割成本，双汇冷鲜肉分割得更加精细，品质更高，同时也获得更低成本的冷鲜肉，这意味着双汇生鲜冻肉的单价更高，生鲜冻肉毛利率更高。验证如下：

表 15-5　2015—2018 年各公司生鲜冻肉业务毛利率（%）

企业	2015	2016	2017	2018
双汇发展	**7.3**	**5.5**	**7.1**	**10.0**
龙大肉食	5.1	6.2	5.8	6.0
雨润食品	1.2	1.8	2.9	4.8
得利斯	5.9	2.2	3.4	3.4
华统股份	6.5	4.6	4.2	5.8

表 15-6　2015—2018 年各公司生鲜冻肉平均单价　单位：万元/吨

年份	2015	2016	2017	2018
双汇发展	**1.80**	**2.06**	**1.74**	**1.57**
雨润食品	1.54	1.92	1.46	1.34
温氏股份	1.53	1.84	1.50	1.28
牧原股份	1.48	1.86	1.54	1.16

4. 验证：不一样的猪肉生意

双汇以火腿肠为冷鲜肉“吃垃圾”，两者相互促进，良性循环，他人无从模仿，铸就了不一样的猪肉生意，验证如下：

表 15－7　2015—2018 年肉制品公司净资产收益率（%）

年份	2015	2016	2017	2018
双汇发展	**27.2**	**28.3**	**31.4**	**34.1**
龙大肉食	7.7	14.0	10.3	8.7
得利斯	1.7	0.7	0.6	0.6
雨润食品	亏损	亏损	亏损	亏损
荷美尔食品	18.1	21.1	18.1	19.2

数据来源：已披露财务报告数据计算所得。

（四）双汇生意的未来

1. 屠宰行业空间巨大

2018 年全国生猪出栏量为 6.94 亿头，其中生猪定点屠宰场屠宰量为 2.43 亿头，行业老大双汇屠宰量仅 0.16 亿头。屠宰行业高度分散，双汇市占率仅 2.35%，发展前景广阔。

2012 年以来，双汇屠宰量年复合增速为 6.12%，增速不高的原因有三：一是屠宰业地方保护严重，根本原因是猪肉鲜冻品免征流通环节增值税，比如：南昌屠宰后，运到隔壁地级市卖，不缴增值税且打击当地屠宰业，当地政府是相当抵触的。对比 2007 年“奶源大战”（乳制品企业抢奶）中地方政府对伊利的保护，笔者认为，该交的“保护费”还是应该缴的，免税是发展的最大阻碍。

二是私屠滥宰的综合成本确实低，表现在环保、检疫、卫生、税负等方面。

三是冷鲜肉价格贵。尽管冷鲜肉新鲜、口感好、营养价值高，且有效避免细菌污染，但价格确实比热鲜肉贵不少。

2. 肉制品调结构、上规模

2018 年，我国猪肉产量为 5404 万吨，肉制品转化率（肉制品占猪肉产量）约为 20%，我国鲜肉消费比例仍然很高。

近年来，随着国民收入水平提高，人们花在烹饪上的时间越来越少，年轻人的烹饪水平也在下降，厨房电器上市公司的业绩增长可以为此佐证，当然最强的证据是外卖生意的迅猛发展，2019 年接近 6000 亿元。我国庞大的人口规模和居住密度成就了这一伟大的生意，同时也悄无声息地影响了与之相关的其他生意，如方便面、肉制品，甚至是肯德基、麦当劳。科技进步在无声无息地影响衣食住行，长期投资将越来越难。

过去双汇肉制品的停滞有内部经营不善的原因，也有外部环境恶劣的影响。肉制品本质上是节约烹饪时间，提高便利性，无形之中也被外卖“揍了一顿”。

目前，双汇意识到了问题所在，也找到了突破的方向，走向家庭和餐厅的餐桌，即肉制品食材化。煎烤炒菜肠是家庭的食材，安井的鱼丸、肉制品等速冻调理品是餐厅的食材。前者双汇已经做了，后者也即将开始，双汇拥有绝对的猪肉成本优势，选对了路，又有谁拦得住呢？

（五）结语

本部分讲述了双汇生意的核心逻辑，并做了验证。企业拥有他人无从模仿的成本优势，是超高 ROE 的来源。

边角料的废物利用：阿胶衰败与双汇崛起

上文提出双汇用火腿肠“吃垃圾”，本部分提出“吃垃圾”安排的一般化视角，用以解释蛋白质产品分割中“垃圾”处理的分工内容。供给创造需求，成功的“吃垃圾”可以显著降低供给成本，从而提升产销规模，进而良性循环，获取分工之利，推动行业发展。

本部分以潮汕牛肉火锅、东阿阿胶、双汇冷鲜肉为例，分别阐释“吃垃圾”在不同行业的具体形式，以及不同的“吃垃圾”安排对竞争的影响。

（一）潮汕牛肉火锅：牛肉丸的魅力

潮汕牛肉火锅风靡各大城市，其对牛肉品质要求很高，不仅要精细化分割，而且肉质必须新鲜，从屠宰到下锅要求不超过 4 个小时。

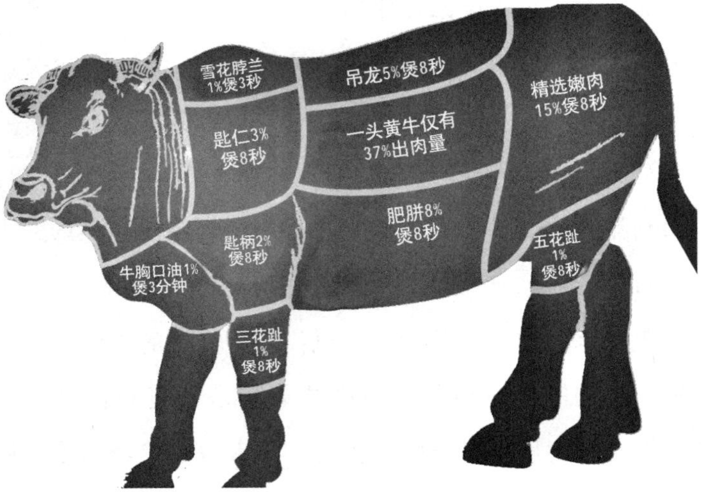

图 15－2　潮汕牛肉分割示意图

精细化分割必然会带来边角料，以及口感差的后腿肉。潮汕人发明了牛肉丸来“吃垃圾”。火锅店里牛肉丸的价格最相宜，生丸比熟丸贵（熟丸保质期长），味美价廉，其实是店家在引导客官们“吃垃圾”。没有牛肉丸，就没有今天热闹的潮汕牛肉火锅，此双赢也。

同时，不排队的潮汕牛肉火锅 99% 是次货。肉质新鲜是口味的关键，超短的保质期（约 4 小时）自然对育肥、屠宰、物流配送提出了高要求，因此生意的核心是集单。餐饮生意没有稳定的排队，就没有稳定的产销量，也就失去了高品质的性价比保障，必是次货。

（二）东阿阿胶：“吃垃圾”的失败

驴因其对环境适应性强，体质结实、不易生病，草料利用率高，自古以来是农业生产重要的使役牲畜。随着汽车、农用机械的普及，驴作为畜力工具逐渐被替代。

同时，驴任何部位或产出均受猪、牛、羊等的竞争，驴皮以外的“垃圾”难以处理，养殖综合收益低，不如养其他牲畜，存栏量持续下降，这两者就是驴皮成本连年攀升的原因，也是阿胶行业的超级困难。谁能解决这一困难，谁便能创造超级生意。

表 15 –8　2012—2018 年东阿阿胶生产经营情况

年份	2012	2013	2014	2015	2016	2017	2018
阿胶产品收入（亿元）	28.3	33.3	35.9	45.3	53.7	62.9	63.2
阿胶产品毛利率（%）	71.0	66.2	71.1	72.6	74.1	73.6	75.0
预收账款（亿元）	**2.4**	**3.4**	**4.6**	**3.9**	**1.7**	**4.4**	**4.6**
应收账款周转天数	9.4	12.7	13.3	14.0	19.8	21.8	34.5
原材料周转天数	**52**	**30**	**27**	**51**	**186**	**258**	**276**

数据来源：已披露财务报告数据计算所得。

结合表 15 –8 可知，近些年阿胶产品受市场欢迎，需求上升，东阿阿胶主动提升品质，其间尝试销售各类驴制品、自建养殖基地等解决驴皮原材料难题，但始终找不到“吃垃圾”的独门武功。驴皮成本居高不下，无法领先，进而性价比无法提升，产品提质市场不认可，致使投资回报率下降，业绩衰退是必然结果。

（三）双汇冷鲜肉：“吃垃圾”的独门武功

冷鲜肉意味着精细预分割，自然不可避免地产生边角料、滞销肉（如前后腿肉）。双汇以火腿肠（高温肉制品）“吃垃圾”，不仅降低了低温肉制品的猪肉成本，同时增强了冷鲜肉的盈利能力。火腿肠与冷鲜肉之间形成良性循环，他人无从模仿，以此构筑出坚不可摧的“护城河”。

表 15－9　2015—2018 年各公司生鲜冻肉、肉制品业务毛利率（%）

年份		2015	2016	2017	2018
生鲜冻肉毛利率	双汇发展	**7.3**	**5.5**	**7.1**	**10.0**
	雨润食品	1.2	1.8	2.9	4.8
	龙大肉食	5.1	6.2	5.8	6.0
	华统股份	6.5	4.6	4.2	5.8
肉制品毛利率	双汇发展	**31.4**	**31.2**	**30.5**	**30.3**
	雨润食品	18.1	20.9	20.3	20.7
	得利斯	26.8	25.0	23.5	25.4
	龙大肉食	25.1	24.4	24.3	25.2

数据来源：已披露财务报告数据计算所得。

由表 15－9 可知，双汇“吃垃圾”的独门武功他人无从模仿，冷鲜肉、肉制品毛利率稳定地高于同行。

（四）冷鲜肉：“吃垃圾”的必然选择

人摄取蛋白质总量有限，不同种类的蛋白质可以相互替代。从猪、牛、羊的养殖效率来看，猪繁殖率高、出栏快、料肉比低，骨骼小，产肉率高，杂食，都使猪肉的直接成本最低，因此，猪肉将长期占据我国蛋白质市场的主要地位。

随着城市化进程推进，城市土地价格上涨，热鲜肉的载体——农贸市场在政府补贴下苟延残喘，新建楼盘均配套超市供应冷鲜肉。从政府财政收支来看，一出一入，发展趋势不言而喻，可参考永辉超市生鲜品收入增长速度。再结合居民生活水平的逐渐提升，冷鲜肉替代热鲜肉是未来的必然选择，如此，配套的“吃垃圾”安排也必须随之发展。

环顾四下，还有比双汇肉制品更好的冷鲜肉“吃垃圾”安排吗？双汇胜出是必然的结果。

（五）结语

蛋白质分割产品的发展离不开“吃垃圾”的配合。“吃垃圾”是观察生意的一般化视角，不仅适用于蛋白质产品的分割，也同样适用于发酵酿造的食品饮料，如白酒、啤酒、红酒、黄酒、酱油、醋，等等。

双汇发展涅槃重生的增长逻辑

前面已经从“吃垃圾”的角度分析了双汇的生意逻辑。虽然生意地位无可动摇，但投资不仅要选择稳固的一流生意，还要选择买入成长。本部分从冷鲜肉、肉制品分别讲述双汇的成长逻辑。

（一）屠宰的增长逻辑：精细分割和猪瘟

1. 精细分割大势所趋

前文讲到超市替代农贸市场是大势所趋，结合永辉超市数据，冷鲜肉替代热鲜肉是未来的必然趋势，猪肉精细分割的时代已经到来。

猪肉精细分割必然带来大量边角料，高温肉制品是消化边角料的神兵利器，双汇在该领域拥有绝对领导地位。成功消化边角料可以显著降低冷鲜肉成本，两者相互促进，良性循环，提升冷鲜肉性价比。需求定律约束下，行业内双汇冷鲜肉增速一定最快，因此，双汇是猪肉精细分割时代来临的最大受益者。

表 15－10　2014—2019 年双汇发展屠宰业务情况

时间	2014 年	2015 年	2016 年	2017 年	2018 年	2019 年 1—9 月
屠宰头数（万头）	1501	1239	1235	1427	1631	1127
屠宰头数增速（%）	**12.8**	**－17.5**	**－0.3**	**15.5**	**14.3**	**－6.3**①
定点屠宰企业屠宰量增速（%）	1.3	－9.5	－2.4	6.3	9.3	－13.8
占全国生猪出栏比例（%）	**2.0**	**1.7**	**1.8**	**2.1**	**2.4**	**2.8**

注：①为 2019 年 1—9 月与 2018 年 1—9 月对比计算。

数据来源：国家统计局、商务部、上市公司财务报告数据计算所得。

由表15－10可知，双汇屠宰头数增速持续高于行业水平，自2015年起屠宰量占全国比例在持续提升。上述比例上升的原因，除了冷鲜肉消费增长外，环保、人工等成本上升，使部分屠宰企业被逐渐淘汰，也不容忽视。

2. “运猪改运肉”提升屠宰生意价值

2018年下半年猪瘟疫情蔓延，受监管政策和疫情防控实际需要影响，生猪收紧跨省调运。生猪产区（河南、东北）猪价低，销区（珠三角、长三角、京津渝）猪价高。

截至2019年，已有60个国家（地区）先后发生非洲猪瘟。在已发生过非洲猪瘟的国家（地区）中，只有13个国家（地区）根除了疫情，根除时间为5至36年。因此，调运管制与防疫成本的变化将彻底改变我国屠宰业的格局。

表15－11　2018—2019年猪瘟疫情前后温氏与牧原生猪出栏价及价差统计

单位：元/公斤

时间	温氏股份	牧原股份	价差
2018年3月	10.97	10.36	0.61
2018年4月	10.01	9.99	0.02
2018年5月	10.37	10.09	0.28
2018年6月	11.58	11.19	0.39
2018年7月	12.69	12.27	0.42
2018年8月	14.01	13.21	**0.80**
2018年9月	14.21	12.53	**1.68**
2018年10月	14.26	12.23	**2.03**
2018年11月	13.59	11.24	**2.35**
2018年12月	13.73	10.64	**3.09**
2019年1月	11.52	9.60	**1.92**
2019年2月	11.62	9.60	**2.02**
2019年3月	14.02	13.15	0.87

续表

时间	温氏股份	牧原股份	价差
2019 年 4 月	14.08	13.68	0.40
2019 年 5 月	14.12	13.83	0.29
2019 年 6 月	15.60	15.26	0.34
2019 年 7 月	17.37	16.01	**1.36**
2019 年 8 月	22.85	20.27	**2.58**
2019 年 9 月	28.73	26.17	**2.56**
2019 年 10 月	36.19	33.50	**2.69**
2019 年 11 月	35.09	30.30	**4.79**
2019 年 12 月	34.37	30.52	**3.85**

数据来源：已披露上市公司经营公告计算所得。

生猪在空间上存在产销区供需不均衡问题。四川、湖南、河南、山东生猪出栏量连续多年位列全国前四，是我国生猪养殖的主要地区；珠三角、长三角等经济发达地区为主要消费地区。猪瘟疫情前，以“运猪”模式解决空间上的产销不均衡。

“运猪”模式下，猪肉的载体是生猪，猪贩子调运生猪，处理空间上的产销失衡。国内物流发达，且生猪可在屠宰场圈养一段时间，处理难度低，因此产销区生猪价差较低。由表 15－11 可知，2018 年 8 月猪瘟疫情前，温氏（广东为主）、牧原（河南为主）商品猪出栏价差集中在 0.2～0.6 元/公斤。

调运管制后“运肉”模式下，猪肉保质期短，河南到广东距离近 1500 公里，调运时间长，处理空间上产销均衡的难度大幅上升。由表 15－11 可知，猪瘟疫情后温氏与牧原的价差最高到 3 元/公斤，2019 年 7 月之后，价差持续扩大。

此处价差扩大，自然是对双汇利好。首先，双汇可以通过屠宰业务，赚取产销区生鲜猪肉的价差。其次，“运肉”模式下处理空间上产销均衡的难度空前上升，反过来会压制冻肉价格，长期降低肉制品成本，提升肉制品相对鲜肉的性价比。

3. 防疫成本推动屠宰集中度提升

政府监管资源有限，管控猪瘟疫情时一定遵循成本最低原则。在整个养殖、屠宰、鲜肉及肉制品加工销售产业链里，屠宰企业数量最少，监管成本最低。因此，有限的监管资源一定投放在屠宰环节。随着疫情蔓延，监管会越来越严格，屠宰场防疫成本将快速提升，“大鱼吃小鱼”，必将推动屠宰行业集中度提升。验证监管政策如下：

农业农村部要求 2019 年 2 月 1 日起，猪瘟病毒检测合格后才能屠宰，之后新闻曝光了 3 起抛猪事件，分别在江苏、河北和广西。如果能卖，商家一定不会丢弃，显然这是屠宰新规在全国严格实行的结果。猪瘟疫情下，私屠滥宰在减少。

农业农村部要求 2019 年 7 月 1 日前，屠宰场分批开展猪瘟病毒自检，自检需要采购检测设备及试剂，屠宰规模越大，平均检测成本越低，小屠宰场成本将显著提升。

另外，政策规定，肉制品里发现猪瘟病毒要追溯屠宰场负责。肉制品原料来源广泛，而病毒检测方法灵敏，相当于要求肉制品企业监管屠宰场，将屠宰场作为控制病毒传播的关键节点，增加屠宰场防疫成本。

以上监管政策，使防疫成本上升，将推动屠宰行业集中度加速提升。

4. “运肉”导致冷鲜肉相对价格下降

“运猪”转向“运肉”后，不论冷、热鲜肉，产区运到销区都要增加一个长距离冷链运输成本。两者共同额外增加一个冷藏及运输成本后，冷鲜肉相对热鲜肉价格下降。

热鲜肉保质期短（1 ~ 2 天），再消耗一段产区到销区的运输时间后，可售保质时间会更短，即同样价格下品质下降，如此，冷鲜肉

（0℃～4℃下，3～7天）相对价格还是在下降。

因此，“运肉”导致的冷鲜肉相对价格下降，将推动双汇的冷鲜肉消费量增长。

综上，调运管制与防疫成本的变化，将长期提升双汇处理生猪空间上产销不均衡的生意价值，推动屠宰行业集中度加速提升，降低冷鲜肉相对价格。受益于此，双汇屠宰业务将提速增长。

（二）肉制品增长逻辑：边角料和食材

肉制品生意价值提升有两部分内容，一是消化精细分割边角料带来的肉制品增长；二是肉制品自身的提质增量，目前的方向是食材化。

1. 消化边角料的价值提升

冷鲜分割肉时代到来，精细分割带来的边角料必须处理，双汇有最佳的产品安排来消化，不仅可以“吃垃圾”，还可以显著降低肉制品成本，生意价值自然会随之提升。

表15－12　2014—2019年双汇发展内部交易及屠宰业务情况

时间	2014年	2015年	2016年	2017年	2018年	2019年1—9月
肉制品销量（万吨）	173	158	161	158	160	121
内部交易量（万吨）	22	18	18	22	30	20
内部交易比例（%）	**12.7**	**11.5**	**11.1**	**14.2**	**19.0**	**16.6**

注：内部交易量为屠宰分部与肉制品分部的内部交易，内部交易比例为内部交易量除以肉制品销量。

数据来源：已披露财务报告数据计算所得。

由表15－12可知，屠宰分部向肉制品分部销售的鲜冻肉量（不仅包含“垃圾”，也有正常猪肉原料）在逐年增加，内部交易比例逐年上升。这不仅是冷鲜肉与肉制品的良性循环，也在为肉制品提质供应优质原料。

2. 肉制品提质增量：食材化

肉制品的本质是直接食用，节约烹饪时间。因此，近些年压制双汇肉制品最大的逆风是外卖行业大发展，2019 年 1—9 月，美团外卖交易金额 2806 亿元，同比增长 37.5%。

逆风之下，双汇 5 年以来肉制品销量停滞不前，净利润增速放缓。同行们则更惨，如众品、雨润、中粮肉食、得利斯、双鸽，等等。当然，如果没有逆风，也不会有低估值买入消费品超级企业的机会。

管理层已经看到了正确的方向，走向家庭和餐厅的餐桌，即肉制品食材化。煎烤炒菜肠是家庭食材，安井的鱼丸、肉制品等速冻调理品是餐厅食材，儿童鳕鱼肠是休闲食品，这些都是绕开外卖的创新。

选对了路，如何快速成长？如何拦住竞争对手？做不到的话依然是普通生意，不值一提。双汇拥有绝对的猪肉成本优势、冷鲜肉大发展的额外之利、肉制品提价的额外之利，三者共同为双汇肉制品发展提供了空前的资源，可以投入原料、生产、销售等环节，持续提升肉制品性价比，甩开竞争对手。

（三）结语

猪瘟疫情等使行业共同成本上升，但并不影响生意的经济逻辑和关键局限，自然也无法影响企业价值。反而最优秀的企业可以利用其最强大资源，趁机拉开与竞争对手的差距，继续提升自身价值。

经济逻辑不可违背，双汇已经开始增长了。

投资点评

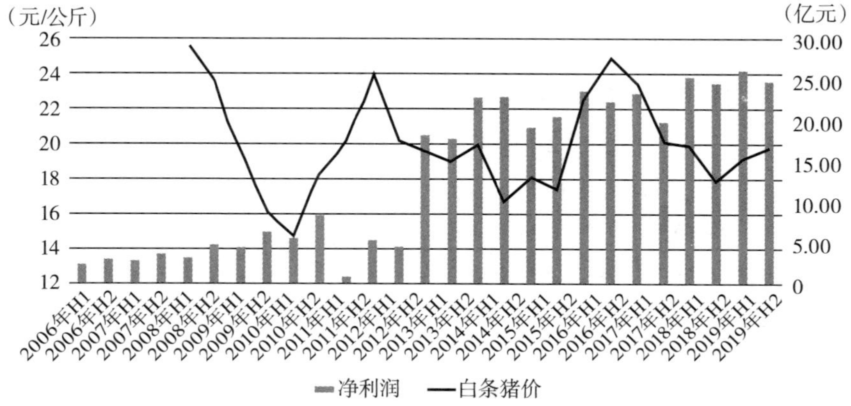

图 15－3　2006—2019 年双汇发展半年净利润与猪价联动情况

数据来源：已披露财务报告数据计算所得。

由图 15－3 可知，过去每轮猪价周期高峰，双汇肉制品趁机提价提质（2016 年除外），随后在猪价高潮退去后，企业价值提升，利润再上新台阶。

前文已经论述了双汇屠宰业务、肉制品业务的增长逻辑。经济逻辑不可违背。猪瘟疫情虽然无情肆虐，但想想“非典”、禽流感、猪蓝耳病，这些总会过去的。投资者下注的是生意，只要不影响生意的逻辑，不影响关键问题，其他不重要。

万事俱备，东风已来。

第十六章　青岛啤酒：“中国百威”的一统天下创业史

青岛啤酒1993年8月27日上市，至2019年12月共26.3年。

发行价6.38元/股，2019年12月31日后复权股价为85.43元/股，涨幅为12.4倍，年化复合涨幅10.3%。

近5年加权净资产收益率（%）

年份	2014	2015	2016	2017	2018
青岛啤酒	13.5	10.8	6.4	7.6	8.1

啤酒的生意逻辑：青岛啤酒竞争胜出

啤酒是以水、麦芽、啤酒花、酵母为主要原料，经制麦、糊化、糖化，液态发酵而酿制。

啤酒是世界第一大酒精饮料（年产量约19517万千升），产量约7倍于排名第二的葡萄酒。由于其原材料成本低、易于运输，酿造时间短、不需要陈酿储存，酿造条件简单利于规模生产，成本低廉的啤酒“统治”了低度酒精饮料市场，流行于全世界。因此，啤酒市场需求大且稳定。

本部分将从发酵“吃垃圾”、保质期、运费三个角度拆解啤酒产销均衡的关键困难，以此提出啤酒提质推动量价齐升的经济逻辑，并以报表数据验证，最后运用此逻辑来讲述青岛啤酒竞争胜出的故事。

（一）啤酒提质的生意逻辑

啤酒产品有三大关键局限，一是发酵生产，产出品质不稳定；二是保质期0.5~1年，货架期有限，须尽快销售；三是啤酒单价低，较重，远距离运输费用较高。这三点局限决定了啤酒业的过去、今天及未来。

由于啤酒为发酵生产，微生物代谢过程不可能精准控制，即使同一工厂不同批次的产出品质也不同，产出品质不稳定是全行业的共同困难。因此，如何惠而不费地、让他人无法模仿地提升产品品质，是啤酒企业的共同追求。

产销规模及排产稳定性是工业化集中生产降低成本、提升品质，进而良性循环的关键。因此，上述啤酒提质的问题，可以转化为如何让他人无从模仿地提升产销规模及排产稳定性。

回到啤酒的三大局限，第一，"吃垃圾"指副品牌配合主品牌稳定品质，发酵调配后不达标的产品使用副品牌销售。"吃垃圾"谁都会做，但谁能在"吃垃圾"上胜出，最终还是要落在产销规模及稳定性的竞争上。第二，在保质期上胜出，指营销上领先，终端周转快，即在时间维度上争取更大的规模及稳定性。第三，在运输半径上胜出，指增加产品覆盖的市场范围，即在空间维度上争取更大的规模及稳定性。因此，后两者局限下的胜出，是规模效应及产销均衡上的胜出，是深化分工前提条件的胜出，即无法模仿的提质优势。[①]

（二）提质逻辑在报表中的表达

有了啤酒提升品质推动量价齐升的经济逻辑，接下来的问题是如何在财务报表中探寻经济逻辑的表达。保质期、运输半径两方面局限上胜出的财务语言是什么呢？

保质期指营销上领先，终端周转快，在财务报表中的表达自然是预

---

① 本书的产销规模及排产稳定性，指既定数量的区域生产基地前提下的增量及稳定，通过增加工厂数量的方式毫无意义。

收账款、应收账款周转天数。

运输半径指产品覆盖的市场范围扩大，即区域生产基地覆盖的市场范围扩大。首先，产品价格高才能承受较高的运输费用，但价高必须被市场接受（预收款）；其次，覆盖范围持续扩大，即跨区域配送比例、范围在增加，在财务报表中的表达是跨区域配送比例提升，包括：区域内部交易比例提升、运输费用占收入的比例增加、产成品周转天数增长、产成品占存货比例上升。

（三）提质逻辑的报表验证：百威啤酒

百威啤酒是美国本土第一大啤酒公司，奥古斯特三世任职期间将百威的美国市场份额从24%提升至近50%，在2003年达到巅峰。由于信息所限，仅以1994—2003年的经营数据来验证上述啤酒的提质逻辑。

表16－1　1994—2003年百威啤酒（BUD）产销均衡下的提质数据

年份	1994	1996	1998	2000	2002	2003
应收账款周转天数（天）	21.3	19.7	21.5	18.3	16.8	16.8
产成品周转天数（天）	6.2	7.2	7.7	8.2	7.8	8.0
产成品占存货比例（%）	18.3	24.7	27.2	29.3	33.1	31.5
毛利率（%）	35.2	36.0	36.3	38.1	40.1	40.3
美国市场份额（%）	44.4	45.5	46.4	48.4	49.2	49.7

注：由于百威未披露内部交易额，以产成品周转天数、产成品比例替代。百威以经销合约销售产品，会计上的产成品时间指从生产完成到交付经销商为止，包含跨区域运输时间。

数据来源：已披露财务报告数据计算所得。

见表16－1，10年间百威在美国市场份额不断攀升，毛利率提升，应收账款周转天数整体稳定并下降，意味着营销上销路稳定，且不断向好，零售端周转加快。

产成品周转天数、产成品比例逐年上升，意味着工厂争取到提升产销均衡的有利条件，分工深度在加强，提升了产销规模及排产稳定性，如：加大单批次产量，跨区域配送比例上升，等等。

账期稳定，毛利率、市场份额持续上升，意味着产销均衡程度提升后，成本、品质领先，百威啤酒竞争胜出。

（四）提质逻辑的报表验证：青岛啤酒

1. 保质期领先的数据验证

表 16－2　2014—2018 年啤酒企业预收账款情况　单位：亿元

年份	2014	2015	2016	2017	2018
青岛啤酒	**7.9**	**10.0**	**13.2**	**11.8**	**19.4**
华润啤酒	—	6.2	6.1	6.5	6.5
燕京啤酒	6.2	6.4	6.0	6.8	6.4

数据来源：已披露财务报告数据计算所得。

由表 16－2 可知，青岛啤酒预收款稳定增长，远胜同行，意味着营销端周转快，产品畅销，在解决保质期局限性问题上遥遥领先。

2. 运输半径领先的数据验证

表 16－3　2018—2019 年啤酒企业产品批发价

企业	青岛啤酒	华润啤酒	燕京啤酒	珠江啤酒	重庆啤酒
2018 年每千升（元）	3267	2824	2737	2907	3544
2019 年 1—9 月每千升（元）	**3447**	**2953**	**2819**	—	3699
2019 年 1—9 月较 2018 年增长（%）	5.51	4.57	3.00	—	4.37

注：重庆啤酒单价最高，但产销规模小，且预收款并未出现领先趋势。

数据来源：已披露财务报告数据计算所得。

由表 16－3 可知，除重庆啤酒外，青岛啤酒产品价格最高，产品覆盖市场范围广，结合预收款情况，可知其深受市场欢迎。

华润啤酒作为国内产销量最大的啤酒企业，产品价格显著低于青岛啤酒，结合上述啤酒的运输半径局限约束，低品质的华润啤酒已经输在起跑线。

表 16-4　2013—2018 年啤酒企业区域协作分工情况（分部间交易占收入比重）（%）

年份		2013	2014	2015	2016	2017	2018
青岛啤酒	报表披露	—	—	—	13.51	13.12	15.75
	估算数	**14.39**	**17.41**	**15.51**	**16.56**	**16.33**	**19.07**
华润啤酒		—	—	3.53	2.65	2.48	2.90

注：1. 分部间交易包含内部原材料交易，根据 2016—2018 年披露，内部原材料交易额稳定，假设其 2013—2015 年同样稳定，计算分部间交易占啤酒收入比重。

2. 华润啤酒仅将国内业务分为东区、中区、南区，青岛啤酒分为六区。

数据来源：已披露财务报告数据计算所得。

表 16-5　2014—2019 年青岛啤酒产品销售装卸运输费用情况

时间	2014 年	2015 年	2016 年	2017 年	2018 年	2018 年 1—6 月	2019 年 1—6 月
装卸运输费占营业收入比重（%）	4.90	5.06	**4.61**	**5.08**	**5.17**	**6.36**	**7.10**
每千升装卸运输费（元）	155	165	**152**	**168**	**178**	**211**	**249**

注：华润未披露运费，燕京、珠江、重庆数据均未有上述趋势，不再列示。

数据来源：已披露财务报告数据计算所得。

表 16-6　2014—2019 年啤酒企业产成品周转天数

时间	2014 年	2015 年	2016 年	2017 年	2018 年	2018 年 1—6 月	2019 年 1—6 月
青岛啤酒	**10.9**	**9.7**	**13.1**	**16.2**	**18.1**	**11.14**	**11.78**
华润啤酒	—	—	13.1	15.4	15.4	—	—
燕京啤酒	16.5	17.6	19.5	17.7	18.1	—	—

注：1. 啤酒企业以经销合约销售产品，会计上的产成品时间指从生产完成到交付经销商为止，包含跨区域运输时间，因此，产成品周转天数可以反映跨区域配送比例。

2. 半年报产成品周转天数已年化处理。

3. 华润啤酒半年报不披露存货构成。

数据来源：已披露财务报告数据计算所得。

由表 16-4、表 16-5、表 16-6 可知，青岛啤酒的“分部间交易比例、运费占收入比例、单位运输费用、产成品周转天数”均在持续上升，意味着跨区域配送比例提升，即运输半径领先优势扩大，分工深化持续加强。

华润啤酒预收款增长停滞，分部间交易比例稳定，并无显著的上升趋势，产成品周转天数增长也低于青岛啤酒，意味着分工深度不足。

综上，青岛啤酒在保质期、运输半径优势上遥遥领先，即产品提质的关键条件上远胜同行。提质惠而不费，推动产品量价齐升，进而良性循环，逐步拉大与竞争对手的差距，该优势他人无法模仿，自然是真正的"护城河"。

（五）结语

本部分提出了啤酒提质的生意逻辑，并以国内外各啤酒公司的财务数据验证，啤酒生意的胜出者已毋庸置疑。

啤酒业的今生来世："远交近攻"的征伐霸业

啤酒是发酵生产，由于发酵过程不可能精准控制，同一工厂不同批次的产出品质不同，季节性的气温变化也影响其品质，冬天的酒质最好。因此，副品牌"吃垃圾"是啤酒主品牌稳定品质的关键安排。

本部分从"吃垃圾"出发，结合啤酒的另外两个关键局限因素（保质期、运输半径），解释啤酒行业的过往，推断其未来。

（一）啤酒行业的三个关键局限

1. 运输半径

啤酒重量大、单价低，运费高会降低产品性价比，因而有运输半径小的特征，饮料同理，所以饮料品牌生产工厂遍布全国。生产基地根据运输半径、周边消费能力，选择地址，进而确定设计产能自建工厂，考虑经营风险后不划算的市场区域由代工处理。参考养元饮品（六个核桃），产能分布如下：

表 16－7　养元饮品 2018 年产能状况　　单位：万吨

序号	项目	设计产能
1	河北养元	70
2	安徽养元	50
3	江西养元	16
4	河南加工基地（代工）	40
5	简阳加工基地（代工）	25

数据来源：已披露财务报告数据计算所得。

2. 保质期

啤酒保质期从几天到 1 年不等，绝大部分装瓶后不需要发酵。新鲜程度对啤酒品质很重要，越早饮用越好。因此，啤酒有保质期的局限性。

由于保质期的约束，啤酒到期前卖不出会变成“垃圾”，且保质期内品质逐渐下降。正因如此，保质期是拉开竞争差距的强力武器。营销领先的产品周转更快，可以为供应链分工深化创造条件，从而做到人无我有，竞争胜出。

3. “吃垃圾”

啤酒为发酵生产，产出品质不稳定，必须有副品牌吃掉低质产品，以此降低成本，稳定主品牌品质，因而国内各品牌、各地啤酒生产基地的产品线普遍高低搭配，如：青岛啤酒＋崂山啤酒、青岛啤酒＋汉斯啤酒、百威啤酒＋哈尔滨啤酒、喜力啤酒＋虎牌啤酒。

（二）啤酒业的“军阀割据”

1. 区域市场割据

由于啤酒有运输半径、保质期的局限性，单一生产工厂的成本优势覆盖范围有限，因而国内啤酒行业具有明显的区域市场割据特征，如山东喝青岛啤酒为主、辽宁喝雪花啤酒、北京喝燕京啤酒。

另外，市场占有率的差异本质上是成本差距，饮料也具有运输半径、保质期的局限性，但饮料并没有区域内一家独大的现象，如康师傅、统一、可口可乐、百事市场份额并没有显著差异，这说明啤酒相比饮料，有其他局限因素拉开了成本差距。

2. 拉开差距的"护城河"

啤酒拉开竞争差距的关键在于"吃垃圾"、保质期。饮料是勾兑生产，且保质期局限性弱于啤酒，啤酒保质期短一些。

发酵生产的品质稳定必须以副品牌"吃垃圾"配合，产出品质、"吃垃圾"与产销规模、排产稳定性可以相互促进，实现良性循环。因此，发酵不同于勾兑生产，规模、排产上输一点，成本上输很多。

保质期越短，对销售渠道要求越高，竞争壁垒越强，胜出后拉开的竞争差距越大。如：7 天保质期的原浆啤酒对渠道要求极高，目前只有青岛原浆啤酒在全国市场存活，这是人无我有的差距。

"吃垃圾"、保质期的局限性叠加，使啤酒不同于饮料行业。啤酒在区域市场内拥有绝对地位的企业，与落后企业相比，经营业绩天壤之别，见表 16－8；而饮料企业却很难拉开如此差距，核桃蛋白类饮料虽然不多，同样面临其他饮料的竞争，见表 16－9。

表 16－8 2018 年华润啤酒、青岛啤酒经营分部业绩情况

		营业收入（亿元）	税前利润率（未计利息）（%）
华润啤酒	东区	161	1.2
	中区	79	5.0
	南区	**89**	**11.3**

续表

		营业收入（亿元）	税前利润率（未计利息）（%）
青岛啤酒	山东地区	**154**	**11.1**
	华北地区	**45**	**15.5**
	华南地区	23	4.6
	华东地区	29	-14.4
	东南地区	8	-12.0

注：1. 华润啤酒东区指国内东北及东部沿海地区，南区指国内东南及西南地区，中区指东区和南区以外的地区。

2. 经营分部的内部交易未抵消。

数据来源：已披露财务报告数据计算所得。

表 16-9　2018 年青岛啤酒、养元饮品分地区毛利率

青岛啤酒	营业收入（亿元）	毛利率（%）	养元饮品	营业收入（亿元）	毛利率（%）
山东地区	154	34.6	华东地区	26	49.1
华北地区	45	34.0	华中地区	22	50.5
华南地区	**23**	**31.4**	西南地区	15	50.2
华东地区	**29**	**22.7**	华北地区	12	50.3
东南地区	**8**	**15.7**	东北地区	2	48.4
			华南地区	2	51.3
			西北地区	1	51.9

数据来源：已披露财务报告数据计算所得。

3. 中低档产品为主

啤酒在运输半径、保质期的约束下，覆盖市场范围有限，为追求利益最大化，在考虑区域内消费能力和质量、价格特征的情况下，必须供给当地市场需求量最大的产品。因此，国内普遍流行成本低廉的原麦汁浓度 8 度左右的工业拉格啤酒，这是经济逻辑的必然结果。

随着消费能力的提升，区域内对高品质啤酒的需求量也会增长，当需求规模达到一定程度时，市场供给也会随之变化。

（三）啤酒业的"大一统未来"

关键局限可以解释当下的啤酒业，当然也可以推断未来。局限不变，行为不变，如果外部因素不变，国内啤酒业的"军阀割据"将长此以往。但随着国内消费能力持续提高，高品质啤酒需求量增加，运输半径局限性在弱化，啤酒业将随之发生剧变，走向统一。

数据来源：酒业行业协会、公司公告、草根调研整理、招商证券整理。

1. 赢在运输半径、保质期

中高档啤酒产销规模上升，其较高的价格可以覆盖更大的市场范围，运输半径局限性会逐步弱化。

过去的市场高端需求量不足，外地产品加上运费打不过当地品牌。而今，青岛啤酒拿上"洋枪洋炮"（高档啤酒）已经杀进了华润、燕京的腹地，此消彼长，"土著"产销规模受到压制，按住敌人粮草供应，"鸟枪部队"（中低档啤酒）沿着边境线逐步推进，江山易主指日可待，参见表 16－10、表 16－11。

表 16－10　2013—2018 年规模以上啤酒企业产量　　单位：万千升

年份	2018	2017	2016	2015	2014	2013
规模以上啤酒企业产量	3812	4402	4506	4715	4921	5062

数据来源：已披露财务报告数据计算所得。

表 16－11　2018 年啤酒企业产品出厂价　　单位：元/千升

企业	青岛啤酒	华润啤酒	燕京啤酒
啤酒出厂价	3267	2824	2737

数据来源：已披露财务报告数据计算所得。

2. 赢在"吃垃圾"

百威带着"洋枪洋炮"征战多年，国内有 33 个生产工厂，市场份额近于青岛啤酒，但阵地支离破碎，“根据地”只有福建、江西，在黑龙江、吉林与华润势均力敌。如此散乱局面如何“吃垃圾”？如何相互配合征战？必败无疑。

玩过“三国志”的朋友，起手青岛啤酒，坐拥山东最大、最富饶的啤酒产销市场，阵地大且稳固，位处中原，面对四周一帮乌合之众，这都统一不了，那就赶紧删游戏，别玩了！

（四）结语

啤酒行业今后的竞争，像极了冷兵器时代的战争，低价产品就近推进，高价产品实施远程打击，攻城略地只能以阵地战的形式推动，逐步扩张。不妨以战争的思维来思考一下啤酒生意。

投资点评

2019 年以来，青岛啤酒的一份份财报就是品质提升推动产品量价齐升、进而良性循环、带来业绩高速增长的典型样本。这只是开始，只是青岛啤酒业绩惊喜的序幕，未来我们可以持续见证一家超级企业的崛起，其必将比肩百威。

抛弃噪音，抓住关键的经济逻辑才是根本。祖师爷巴菲特投资那么多企业，如果还要关注细枝末节，早去见上帝了。真实世界的生意丰富多彩，我还想多走走、多看看。

第十七章　广州酒家：产销均衡下的月饼原料庄家成长史

广州酒家 2017 年 6 月 27 日上市，至 2019 年 12 月共 2.5 年。

发行价 13.18 元/股（A 股上市发行价过低，仅供参考），2019 年 12 月 31 日后复权股价为 31.23 元/股，涨幅为 1.4 倍，年化复合涨幅 41.0%。

近 5 年加权净资产收益率（%）

年份	2014	2015	2016	2017	2018
广州酒家	35.7	30.5	30.7	26.4	21.2

中秋月饼是我国消费量最大的传统节令性食品，通常只在中秋节前销售。月饼生产工艺非常简单，随便一个食堂、酒店也能组织员工制作月饼，看似毫无门槛，但广州酒家仅靠卖月饼一年却能赚近 3 亿元利润，月饼业务利润总额占比约为 60%。那广州酒家到底是靠什么拦住了竞争对手？它的“护城河”到底是什么？

本章以广州酒家、元祖股份为例，从月饼行业的原料困难出发，提出上游原料产销均衡对月饼降低生产成本的关键作用，从而论证广州酒家月饼生意的关键逻辑。

月饼的生意逻辑

广式月饼生产工艺很简单，使用小麦粉、转化糖浆、食用植物油等制成饼皮，经包馅、成形、扫蛋、焙烤等工艺加工制成。

月饼生意最大的困难是每年只能卖最多一个季度，平时无人问津。生产设备、厂房、人员、上游供应链生产不能闲置，产销不均衡是其最大难题，所以市场上主要的月饼企业，平时也要卖一些烘焙食品，如北京稻香村、上海元祖、广州利口福（即广州酒家）。但这种经营组合很容易，谁都能模仿，无法构成真正的竞争壁垒。

再进一步，终端产品的产销不均衡一定会导致上游原料的产销波动，那是否会给原料生产商造成困难呢？见表 17－1，广州酒家食品制造业务原材料采购情况，月饼主要原材料有禽蛋、莲子、面粉、糖料、油料等，面粉、糖料、油料几乎是大宗商品，月饼的产销波动对其采购影响不大。晾晒干燥的莲子保质期在 1 年以上，影响也不大。真正的困难在于禽蛋，鸭子全年产蛋有其规律，不可能为了中秋月饼生产，专门饲养一批鸭子，否则的话其他时间产出的鸭蛋卖给谁？月饼的季节性需求与鸭蛋的稳定生产之间的矛盾造就了月饼生意的最大困难。

表 17－1　2014—2016 年广州酒家食品制造业务原材料采购情况

单位：万元

年份	2014	2015	2016
冻猪肉类	6242	7019	9617
禽蛋类	**5421**	**6227**	**6261**
莲子类	1712	4873	3943
面粉类	2639	2968	3601
糖料类	2176	2491	3425
冻鸡肉类	443	372	350
果仁类	2395	1880	1705
油料类	1912	2403	2907
奶油类	899	1233	1722

数据来源：已披露公开招股说明书。

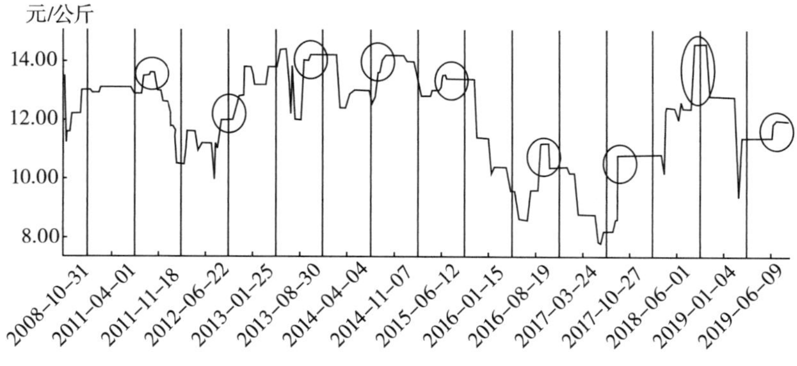

图 17－1　2008—2019 年全国鸭蛋批发平均价

数据来源：农业部。

图 17－1 为 2008 年以来的鸭蛋批发价走势，每个圈代表当年中秋节前的鸭蛋价格走势，均为凸起状，即中秋节需求带动价格上涨。如果企业能够成功地解决鸭蛋的产销不均衡，即可获取成本优势，以此为起点展开竞争。

综上，月饼生意的竞争，本质上是禽蛋等月饼原材料的产销规模及排产稳定性的竞争，是产销均衡的竞争，是无法模仿的成本优势的竞争。

双黄纯白莲蓉月饼　　果仁豆沙月饼

芝士流沙月饼　　奶酥月饼

图 17－2　广州酒家 2018 年年度报告中月饼产品配图

图 17 - 2 为广州酒家 2018 年年度报告中月饼产品配图，图中的月饼主力产品多为咸蛋黄产品，如双黄莲蓉月饼、流沙月饼、奶酥月饼。由此可知，广州酒家的月饼生意是充分发挥其咸蛋黄的成本优势，并以此建立竞争壁垒，与同行展开竞争，拉开差距。

产销不均衡的解决之道

月饼是季节性产品，每年只旺销几个月，其他时间的原材料、产能如何解决呢？普通的生意组合是月饼闲置时生产销售烘焙食品，解决产能、人员、普通原材料等困难，全国各地均有类似的生意，如北京稻香村、上海元祖，但这并不是上乘的解决办法。

广州酒家靠什么呢？答案就在其餐厅生意。广东有吃早茶的饮食风俗，人们喝茶之外会消费大量的广式点心，这些点心会在月饼销售淡季解决月饼原料的产销不均衡，如流沙包、流沙汤圆、奶黄包等。

再来看看上海的杏花楼月饼。杏花楼创建于清朝咸丰元年（1851 年），早期是做餐饮起家，1928 年开始试制月饼，最终靠月饼发家，成为百年名店。这里所谈餐饮就是粤菜，粤菜自然离不开早茶。今天的杏花楼依然是主营粤菜、月饼等中西糕点的产品组合，是不是与广州酒家如出一辙？生意逻辑历久弥新，从未改变。

另外，从本质上讲，广州酒家的生意是处理月饼原料产销波动，即解决日常原料销路，以在需求高峰期获取低成本的原料，接近于“月饼原料庄家”。见表 17 - 2，广州酒家不仅销售月饼，也在销售月饼馅料，这便是原料庄家生意的佐证。同时，外销原料占月饼产品比例在上升，也意味着公司解决原料产销波动的能力在提升，且快于自身月饼产品销售，但是该数据没有最新披露，仅供参考。

表 17－2 2014—2016 年广州酒家月饼及其原料销售情况 单位：万千克

年份	2014	2015	2016
月饼产品	558	602	654
外销的馅料和糖浆	187	218	276
外销原料占月饼产品比例（%）	33.5	36.2	42.2

数据来源：已披露公开招股说明书。

表 17－3 2014—2018 年广州酒家原材料周转天数

年份	2014	2015	2016	2017	2018
原材料周转天数	15.3	20.0	21.7	22.1	26.7

数据来源：已披露财务报告数据计算所得。

由表 17－3 可知，广州酒家在上游原材料的资本投入呈现明显的逐年上升的趋势，显然是对上游月饼原料的投入增加，符合关于公司专注于月饼原料庄家生意的判断。

订单农业的“护城河”

（一）蛋鸭专业化生产

鸭子是我国常见的养殖家禽，按照一定的经济目的，经过长期驯化和选择，培育成三种用途的品种，即肉用型、蛋用型和兼用型。不同类型对应着不同的生产效率。鸭肉、鸭蛋市场波动无常，兼用型是应对价格变化的妥协生产方式。

从月饼原料成本的角度考虑，蛋用型鸭自然是公司的最优选择，但专门产蛋也意味着产销不均衡的困难，必须有“主机厂”解决产销波动，上游原料供应商才能放心地专注产蛋，即订单农业。读者可参考本书伊利股份、涪陵榨菜内容。

广州酒家招股说明书里披露了采购合同及供应商情况，如图 17－3

所示。

供方	需方	主要内容
广州市盛洲德威粮油食品有限公司	利口福公司	合同标的：一级花生油、非转基因菜油 交易价格：5,063,530.00 交货时间：按需方要求时间送货 合同期限：2017年2月8日至2018年2月7日
	利口福公司	合同标的：一级花生油 交易价格：13,340,700.00 交货时间：按需方要求时间送货 合同期限：2017年2月8日至2018年2月7日
	利口福公司	合同标的：咸蛋黄等 交易价格：19,640,000.00 交货时间：按需方要求时间送货 合同期限：2017年4月20日至2017年12月31日

图 17－3　广州酒家 2017 年重要采购合同

数据来源：已披露公开招股说明书。

表 17－4　2014—2016 年广州酒家原料供应商情况

年份		2014	2015	2016
广州市盛洲德威粮油食品有限公司	供应金额（万元）	4428	4635	3958
	供应商供应金额排序	第一名	第二名	第三名

数据来源：已披露公开招股说明书。

由图 17－3、表 17－4 可知，广州盛洲德威是广州酒家的重要咸蛋黄供应商，且每年 4—12 月的合同期限也符合冬季蛋鸭产蛋较少的生产特征。

经网络查询，广州盛洲德威拥有蛋制品生产场地面积共计 15000 平方米，公司于 2008 年在番禺区石楼镇承包鱼塘自建蛋鸭基地，运作模式为“公司＋农户＋基地”，对鸭农生产统一管理，饲料统一采购，同时依靠蛋制品生产，还带动省内鸭农 300 户，涉及养殖蛋鸭面积 3000 多亩。

综上，关于广州盛洲德威的披露内容，很好地验证了广州酒家在上游咸蛋黄生产中的低成本订单农业模式。

（二）咸蛋黄的竞争壁垒

咸蛋黄的生产主要有两种方式，一种是传统的整体腌制方法，即从已经腌制成熟的咸蛋中去除蛋壳、咸蛋清之后，取咸蛋黄。传统方法得到的咸蛋黄熟化后有出油、颗粒化、沙质感等特性，品质和风味都比较好，深受大众欢迎。但其又有腌制周期长、耗用食盐等原材料多、蛋清不好处理、污染环境等不足。同时，因蛋壳、壳膜的差异而使得品质难以控制，不利于工业化大生产。

另一种是分离腌制蛋黄方法，即先分离蛋清（富含蛋白质，有价值）再对蛋黄进行专门的腌制，又根据使用食盐或食盐溶液分为干腌法和湿腌法。相对于干腌法，湿腌法的溶液较容易统一配制，也更易于工业化生产操作。缺点是腌制时蛋黄充水、蛋黄形态的控制、蛋黄腌制过程发生胶质化现象，品质不能完全达到传统腌制技术下咸蛋黄的标准。

由此可知，传统方法生产的咸蛋黄品质更佳，但生产上有很多困难，分离腌制方法效率高但品质较低。

广州酒家选择传统方法腌制，显然是为了更好的品质。传统生产带来的困难，比如品质不稳定、咸蛋清等问题，结合公司拥有量大稳定的产销规模优势，这些困难反而有利于其稳定腌制品质、进行蛋清脱盐处理，在成本上扩大领先优势。

月饼生意的差异：元祖股份

元祖股份是专门生产月饼、蛋糕、中西式糕点的烘焙食品企业，主要门店位于上海。表面上看都是月饼生意，但其与广州酒家有三点区别，也意味着不同的结局。

（一）其他业务亏损

表 17－5　2017—2018 年元祖股份单季度利润情况　　单位：亿元

时间	2017 年一季度	2017 年二季度	2017 年三季度	2017 年四季度
单季度归母净利润	**－0.2**	0.2	1.9	0.1
时间	2018 年一季度	2018 年二季度	2018 年三季度	2018 年四季度
单季度归母净利润	**－0.3**	0.5	2.3	**－0.1**

数据来源：已披露财务报告数据计算所得。

由表 17－5 可知，元祖股份每年的盈利主要在第三季度，第一、四季度甚至是亏损的，这意味着元祖股份主要靠月饼盈利，其他蛋糕及糕点业务是亏损的。亏损业务会拖月饼主业后腿，比如，月饼需要依靠门店扩张增加销售渠道，但亏损必定拖累扩张步伐。

区别一：广州酒家的餐饮、利口福业务是盈利的，因此，广州酒家和元祖股份两者类似双腿健全者跟跛足者赛跑。

（二）月饼生产业务外包生产

元祖股份招股说明书披露其部分产品（如月饼、粽子）的季节性较强，在产能约束条件下，无法满足短时间内的季节性产品供应，因此公司委托外部供应商生产加工。

表 17－6　2013—2015 年元祖股份外包生产情况

年份	2013	2014	2015
外包供应商采购金额（亿元）	2.17	1.92	1.82
月饼业务营业成本（亿元）	2.33	2.00	2.00
外包采购占比（%）	93.1	96.0	91.0

注：外包采购金额包括月饼及粽子，因此实际占比会更低一些。
数据来源：已披露财务报告数据计算所得。

由表 17－6 可知，元祖月饼外包生产比例很高，这意味着元祖股份放弃了月饼生产壁垒很高的处理原料产销波动的生意内容，几乎是自废武功。

区别二：广州酒家的月饼业务是自己生产。

（三）回避咸蛋黄月饼

元祖股份主要的月饼产品类别是雪月饼，即月饼馅是冰淇淋，这意味着其又放弃了解决月饼原料生产上的困难。

区别三：广州酒家在咸蛋黄月饼上构筑竞争壁垒。

综上，元祖股份的月饼业务主动回避困难，放弃建立竞争壁垒。谁不愿意躺着挣钱？但市场竞争优胜劣汰，永不停息，结局早已注定。

表 17－7 2011—2018 年元祖股份业绩及月饼业务情况 单位：亿元

	2011 年	2018 年	年化复合增长率
月饼业务收入	4.24	6.95	7.32%
公司归母净利润	1.78	2.42	4.45%

数据来源：已披露财务报告数据计算所得。

由表 17－7 可知，过去 7 年里，元祖月饼收入及净利润增长很缓慢，几乎停滞。

另外，在元祖股份招股说明书里还看到其与哈根达斯选择了同样的雪月饼供应商。哈根达斯的销售渠道是自己的冰淇淋门店，比元祖门店更难以扩张，但订单量又被元祖压着，结局只能更难看。

投资点评

在产销均衡的生意视角下，元祖股份的月饼业务在本质上与广州酒家完全不同，结局自然也是一个在天上，一个在地下。传统分析视角下如何区分呢？难道靠杜邦分析的财务指标解决吗？

仅以目前的月饼、粤菜餐厅、速冻食品生意来看，广州酒家将是月饼领域的全国冠军。目前的成长刚刚开始，未来还有更精彩的画面，可拭目以待。

第十八章　桃李面包、绝味食品：保质期竞争下的规模扩张史

桃李面包 2015 年 12 月 12 日上市，至 2019 年 2 月共 4.1 年。

发行价 13.76 元/股（A 股上市发行价过低，仅供参考），2019 年 12 月 31 日后复权股价为 62.81 元/股，涨幅为 3.6 倍，年化复合涨幅 45.8%。

绝味食品 2017 年 3 月 17 日上市，至 2019 年 12 月共 2.8 年。

发行价 16.09 元/股（A 股上市发行价过低，仅供参考），2019 年 12 月 31 日后复权股价为 67.18 元/股，涨幅为 3.2 倍，年化复合涨幅 66.9%。

两家公司近 5 年加权净资产收益率（%）

年份	2014	2015	2016	2017	2018
桃李面包	28.2	30.3	22.4	22.4	19.7
绝味食品	27.0	28.4	28.9	22.9	23.1

超市低温柜里，啤酒、果汁、乳制品、肉制品、豆制品、鲜肉、面包、卤制品、蔬菜水果等，由于保质期的约束，在到期前卖不出会变成垃圾。比如，过期的桃李面包只能用来喂猪，只能在临近过期前打折促销。这是经销商共同的烦恼，是不可逾越的经营沟坎。

短保质期，粗看是企业共同面临的竞争约束，实则是深化分工的必要条件，是强大的竞争武器。本章针对短保质期产品，提出一般化的竞

争假说，从保质期约束的视角出发，观察企业利用保质期构筑竞争壁垒，在营销上领先，进而深化分工的经营安排，并以此判断企业竞争力。

短保产品不限于食品饮料，鞋服、电子产品等亦然。本章以桃李面包、绝味食品等公司为例，对假说验证，并判断公司竞争状况，主要内容如下：

短保质期产品竞争假说

（一）假说：营销领先深化分工

首先，保质期是深化分工的必要条件，所以保质期不能太短。1～2天保质期，运输、销售时间受限，产销难以上量，生产上无法利用中央工厂深化分工，进而无法与竞争对手在生产成本上拉开差距，如此只能在营销端竞争，可以说是糟心的生意、不入流，如现场烘焙的面包甜点、猪卤制品等。

其次，保质期要成为竞争壁垒，不能太长，或新鲜程度与品质要正相关。如果保质期过长，或新鲜与否对品质无影响，则保质期因素不重要，运输、销售时间约束弱，完全是生产效率竞争，就不适用本书的假说，如方便面、可乐等。

再次，同类竞品保质期是接近的。延长保质期有高温杀菌、真空包装、添加防腐剂等方法，通常以牺牲产品品质、提高生产成本为代价，且保鲜技术可复制，因此竞争之下，保质期与产品品质、生产成本要权衡取舍。

最后，在保质期相同的前提下，产品的生产、运输、销售三个环节受相同的时间约束，销售上周转更快的产品，也就为其生产、运输争取了更多时间。工法变化、深化分工就此展开，企业追求生产上的规模效应与产销均衡，拉开与竞争对手的差距，如图 18 －1 所示。具体来说，桃李面包区域生产基地之间协同生产，可增加单品生产规模，降低成本；周黑鸭 1 个中央工厂供应全国大部分市场。

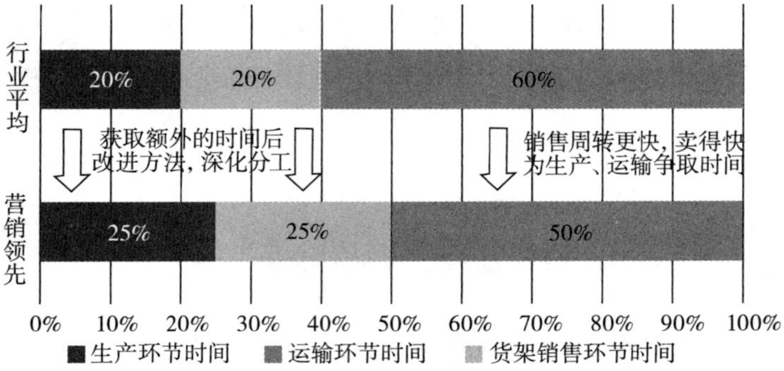

图 18 －1　货架期营销领先：深化分工示意图

综上，短保质期是天然的竞争壁垒，企业在营销上领先一步，可以为生产、运输争取时间，进而在额外时间的协助下改进生产工法，发挥分工之利，拉开竞争差距，最终在产销良性循环下竞争胜出。

（二）推论：中国市场引领世界

短保质期产品在运输、销售时间约束下，覆盖市场范围有限，进而产销规模受限，分工深化受约束。市场规模越小，供给成本就越高。供给创造需求，因此，短保产品供给的种类和品质直接受制于市场规模。

中国拥有 14 亿人口，居住密度大，巨大的市场规模必然给短保产品带来空前的分工优势——供给成本大幅下降，因此中国必将诞生更多国外没有的，以及品质更高的短保产品，在各自领域引领世界市场。

事例验证：由于历史原因，美国不是任何一种传统啤酒的原产地，但美国目前却是世界上种类最多、产量最大的精酿啤酒市场。因此未来在哪，不言而喻。

桃李面包：工业面包的分工深化

市场上烘焙面包主要有两类，一类是现场烘焙的面包，如85度C、克莉丝汀、面包新语等品牌；一类是桃李、宾堡等“中央工厂+批发”模式的工业面包。

后者保质期较长（3~7天），可以使用销售渠道集单，在中央工厂集中生产，追求规模效应，兼顾产销均衡。

再进一步，为扩大业务在全国销售渠道集单，由于保质期所限，需要就近建设生产基地。假设此时企业在营销上领先一步，为生产、运输争取时间，分工将在此深化，区域生产基地之间协作分工加强，跨区域配送比例上升，如此可以降低单个生产基地生产品类，单批次产量加大，进而降低生产成本。比如，营销领先，可为运输争取半天时间，北京地区需要10个面包品类，自己生产8个，天津生产2个配送到北京。

更进一步，生产基地单批次产量加大，可以改进工法，提升生产稳定性，进而提高产品品质。面包生产需要经过两次面团搅拌、醒发，最后烘焙。发酵、烘焙环节对品质影响大，产销规模及排产稳定性对品质至关重要。推论是沈阳的桃李面包品质高于其他销量较少的地区，本人已实地验证，卤制品、啤酒及肉制品亦如此。

（一）分工深化方向的验证

表18-1　2014—2019年桃李面包区域生产基地协作分工情况（%）

	2014年	2015年	2016年	2017年	2018年	2019年1—6月
分部间交易占营业收入比重	3.7	9.3	11.2	13.7	17.5	16.1
配送服务费占营业收入比重	5.5	6.8	9.2	10.6	12.0	12.8

数据来源：已披露财务报告数据计算所得。

由表 18－1 可知，公司自 2014 年起，经营分部间内部交易占营业收入的比例和配送服务费占营业收入比例，均在逐年上升，反映了跨区域配送比例提升，分工深化持续加强。

（二）分工深化后的经营成果验证

按本章假说，分工深化后，将降低生产成本，提升产品品质，产品性价比提升，进而产销相互促进，形成良性循环，拉开竞争差距。

表 18－2　2014—2018 年桃李面包生产经营情况

年份	2014	2015	2016	2017	2018
直接材料占营业成本比重（%）	66.5	65.7	66.3	67.5	67.9
营业收入（亿元）	20.6	25.6	33.05	40.8	48.3
毛利率（%）	33.2	34.9	36.1	37.7	39.7
应收账款周转天数	29.6	29.8	27.9	27.0	28.4

注：桃李面包销售渠道以赊销为主。
数据来源：已披露财务报告数据计算所得。

由表 18－2 可知，在公司生产人员平均工资逐年上升，生产基地逐年增加，营业收入快速增长的背景下，直接材料占营业成本比重逐年上升，对于工业面包产品而言，意味着产销良性循环下的产品品质逐年提升。

应收账款周转天数整体稳定，略有下降，营业收入快速增长，意味着营销端销路稳定，产品品质升级得到市场认可。

在品质提升的背景下，账期稳定，毛利率持续上升，意味着分工深化后生产成本下降，并呼应产品品质升级。

综上，桃李面包已竞争胜出。

（三）现场烘焙面包展望

现场烘焙面包必须当天售完，产销规模受限，无法深化分工，生产成本难以下降。反观工业面包，在短保质期的协助下，在全国范围以渠道集单，不断深化分工，生产成本持续下降，品质稳步提升，与现场烘焙面包的口味差距将逐渐缩小。可以推断，未来现场烘焙面包市场规模将被工业面包逐步压制，可参考面包新语、克莉丝汀、85 度 C 等业绩，整体来说回报很差。

绝味食品：卤制品的保质期及集单合约竞争

保质期是深化分工的必要条件。企业会在保质期上竞争，为分工深化，拉开竞争差距创造条件。绝味食品披露的研发方向也重点指向了延长产品保质期。

（一）延长保质期：添加辣椒

20 世纪 80 年代，酱卤肉制品是江浙地区率先做起来的，产品口味清淡，保质期太短，产销规模受限，所以当时的生产设备主要是人工炉灶，难以跨区域扩张。

90 年代，江西煌上煌迎合“当地饮食偏好”，开始在卤制品里添加辣椒。辣椒素可以抑制细菌活性，且辣味带来的热觉和痛觉可以掩盖蛋白质变质的口感，延长了产品保质期，为深化分工创造条件，进而产销规模扩张，生产装备从炉灶向蒸汽锅过渡，从而在质量、成本上领先，彻底甩开现制卤制品。同理，长沙绝味、武汉周黑鸭，当地都吃辣。

（二）延长保质期：气调包装

绝味食品经营模式为经销门店（9915 家）＋区域生产基地（20 多个），产品走低质低价路线，一个区域市场配套一个生产基地，当地经销商集单，当地集中生产。

周黑鸭经营模式为直营门店（1288 家）＋中央生产基地（2 个，

武汉为主），产品走高质高价路线，全国市场配套中央生产基地，由武汉供应大部分市场。

2015 年，周黑鸭率先放弃散装卤制品，完全转为气调包装，以延长保质期至 5 ~ 7 天。由于异地生产，卤制工艺无法保证品质一致，周黑鸭为确保其品质稳定性，选择以中央工厂集中生产，但又因运输距离和保质期的约束，于是选择增加包装成本以延长保质期，为深化分工创造条件。

以上两个例子，可以看出延长保质期的技术容易复制，无法形成竞争壁垒。拉开竞争差距必须在分工深化的合约里拥有他人无从复制的独门武功。

（三）渠道集单合约竞争

在共同的保质期约束下，决定分工深度的关键是产销均衡下的销量。销售渠道集单合约成本最低的企业，将在营销上领先，进而在质量、成本上拉开差距，从而竞争胜出。

绝味、煌上煌在销售渠道选择经销合约，但煌上煌与经销商以赊销结算业务，意味着其销售端周转慢，量价信息获取成本高，即渠道集单合约成本较高。

周黑鸭在销售渠道选择直营合约，其门店只销售气调包装卤制品，经营内容简单，且卤制品为普通休闲食品，并不需要维护很高的品牌形象，选择渠道成本高昂的直营合约明显得不偿失。

1. 合约差异带来的不同结果

表 18 –3　2014—2018 年绝味食品经营情况

年份	2014	2015	2016	2017	2018
经销门店（家）	6029	7044	7996	9053	9915
营业收入（亿元）	26.3	29.2	32.7	38.5	43.7

续表

年份	2014	2015	2016	2017	2018
毛利率－销售费用率（百分点）	17.7	20.0	23.7	24.7	26.1
预收账款（亿元）	0.84	0.91	0.92	0.94	1.20

注：绝味食品营业收入为向终端经销商批发的收入额。
数据来源：已披露财务报告数据计算所得。

表 18－4　2014—2018 年周黑鸭经营情况

年份	2014	2015	2016	2017	2018
直营门店（家）	468	641	778	1027	1288
营业收入（亿元）	18.1	24.3	28.2	32.5	32.1
毛利率－销售费用率（百分点）	34.0	34.7	37.4	31.8	23.9

注：周黑鸭营业收入为向终端消费者零售的收入额。
数据来源：已披露财务报告数据计算所得。

由表 18－3、表 18－4 可知，虽说绝味赢得并不漂亮，但 2014 年以来预收账款、利润率稳步上升，门店、产销规模稳步扩张，竞争优势在扩大。反观周黑鸭，自 2016 年上市后，零售门店业绩开始衰退，毛利率下滑，销售费用率提升，在门店增长的情况下，收入不进反退。

2. 原材料品质竞争

表 18－5　2014—2018 年卤制品行业原材料竞争情况（原材料周转天数）

年份	2014	2015	2016	2017	2018
绝味食品	40	45	59	59	64
周黑鸭	17	26	49	54	67
煌上煌	151	136	144	134	123

注：煌上煌以公司＋合作社＋农户的方式从事鸭子养殖，供应约 10% 的货源。
数据来源：已披露财务报告数据计算所得。

由表 18－5 可知，2014 年以来，绝味、周黑鸭原材料周转天数持续提升，意味着竞争已经蔓延到原材料领域。

周黑鸭披露其采购樱桃谷鸭体重平均约 6 公斤，而正常樱桃谷鸭出栏体重约 3 公斤。大鸭子的鸭副产出增加，鸭肉和鸭腿产出下降，6 公斤是周黑鸭与上游饲养企业权衡总产出的最优点，因此原材料的竞争壁垒是鸭副的大小，也是品质提升的反映。

三家共同在原材料下注竞争，但唯有绝味有销售端的强力支持。很明显，绝味已竞争胜出。

补充案例：双汇发展、青岛啤酒

双汇发展，低温肉制品保质期 3 个月左右，在营销上领先同行好多，国内渠道、生产基地布局已完成，且拥有冷鲜肉与火腿肠良性循环下的猪肉成本优势。按本章假说，深化分工的条件已近完美。万事俱备，难道还想违背需求定律？请参考第十五章。

青岛啤酒，在货架期上遥遥领先，进而获取产销规模及排产稳定性的巨大优势，在产品提质方面甩开同行，必将竞争胜出。请参考第十六章内容。

投资点评

桃李面包、绝味食品是 A 股的优秀食品企业，各自在产销均衡上领先竞争对手。但其行业面临的困难不够大，自然其壁垒也不够强，其“护城河”算不上很深，称不上顶级生意。但其保质期的生意知识值得我们深入思考，其不仅仅适用于食品饮料。

第十九章　投资的反面教材：可口可乐179亿元收购汇源果汁

商务部2009年3月18日宣布，可口可乐并购汇源果汁未通过反垄断调查，决定禁止此项经营者集中。因为收购会影响或限制竞争，不利于中国果汁行业的健康发展。这是反垄断法实施以来第一个未获通过的案例。至此，可口可乐“刻舟求剑”的荒唐收购案被反垄断法和中国网民拯救。

本章从果蔬消费的经济逻辑和订单农业的视角出发，讲述两个反面案例——可口可乐收购汇源果汁和苹果汁企业，如国投中鲁、安德利果汁、海升果汁等，并结合苹果、柑橘两大水果消费在国内的发展逻辑，用事实来描绘违背经济逻辑的生意画面。

刻舟求剑：同一个数据、同一个梦想

汇源果汁（2007年上市）、国投中鲁（2004年上市）、安德利果汁（2003年上市）、海升果汁（2005年上市）等招股说明书里都有类似的一段话：“我国人均果汁的年消费量不足1升，与发达国家人均年消费量20升相比，有非常大的差距，拥有13亿人口的中国将成为一个巨大的果蔬汁消费市场。”

以上就是它们与可口可乐共同的梦想。十几年过去了，至今梦想仍在远方招手，从未接近，见图19－1。国家统计局数据显示，中国2007年、2018年果汁及果汁饮料产量分别为1079万吨、1589万吨。

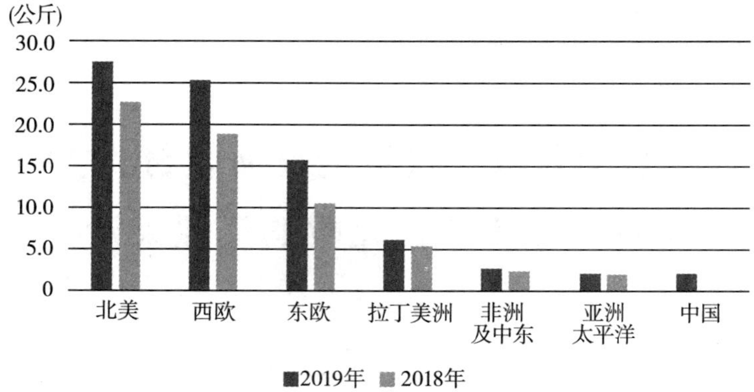

图 19－1　2019、2018 年世界各地区人均果汁消费量

数据来源：欧洲果汁协会 AIJN。

时至今日，我们可以确定“可口可乐们”一直在做梦。那到底是什么原因导致我国与发达国家的果汁消费量差距呢？下面聊聊新鲜果蔬消费的经济逻辑。

果蔬消费的经济逻辑

中国是世界第一大水果、蔬菜生产国。2017 年，水果产量 2.65 亿吨，是美国的 10 倍；蔬菜年产量 5.57 亿吨，是美国的 17 倍，见表 19－1，我国人均果蔬消费量远超美国。难道是美国老百姓太穷了，吃不起新鲜水果、蔬菜吗？

表 19－1　1997—2017 年中美水果、蔬菜人均产量　单位：公斤/人

年份	1997	2007	2017
中国人均水果产量	**76**	**139**	**191**
美国人均水果产量	129	92	82
中国人均蔬菜产量	**171**	**312**	**402**
美国人均蔬菜产量	123	121	100

数据来源：世界粮农组织、世界银行。

果蔬是一种商品，保质期很短，意味着可销售的时间短；含水量

高，意味着有运费约束，在空间上覆盖市场范围有限。把果蔬产品想象成一瓶保质期很短的含水果汁，两大局限在空间、时间上约束着单位地区的果蔬产销规模，规模越小，生产成本越高。

供给创造需求，如果供给成本过高，消费群体就会减少，反之亦然。因此，中国人口密度及总量的空前优势，造就了无与伦比的果蔬市场规模。足够低的生产成本，使绝大部分果蔬为鲜食。

因此，答案确实是美国地广人稀，导致其吃不起新鲜果蔬，但美国人也需要摄入维生素等营养物质，所以选择加工后保质期长的果蔬产品。最终就成了美国人均消费果汁量高，吃维生素片也多。同理，美国动物蛋白质生产成本低，所以美国人吃肉多，吃果蔬少。

综上就是果蔬消费的经济逻辑。再好的一杯NFC（非浓缩还原）或100%果汁，也无法胜过一颗新鲜的红富士苹果或褚橙。“可口可乐们”抱着无法实现的梦想，违背了经济逻辑而不自知。汇源果汁上市后的经营业绩也是一塌糊涂。

国内果汁市场没戏了，欧美发达国家也确实需要喝果汁，那出口浓缩苹果汁的企业有前途吗？下面先聊聊水果品种的市场选择。

水果品种的市场选择

自2003年起，我国水果的增量主要来自苹果、柑橘，原因是保质期长，可以对比西瓜、梨、葡萄、香蕉、桃、杏等，见图19－2。水果有“季产年销”的特点，保质期长是保证全年供应的关键因素。在北方的冬天，一箱苹果放在窗外可以保存半年。苹果在耐贮性上完胜，成为西瓜外的第一大水果。

由于苹果树不耐热、柑橘树不耐寒，两种水果的主产省份以长江为界，北苹果、南柑橘。由于保质期长，规模空前的鲜食水果市场选择了

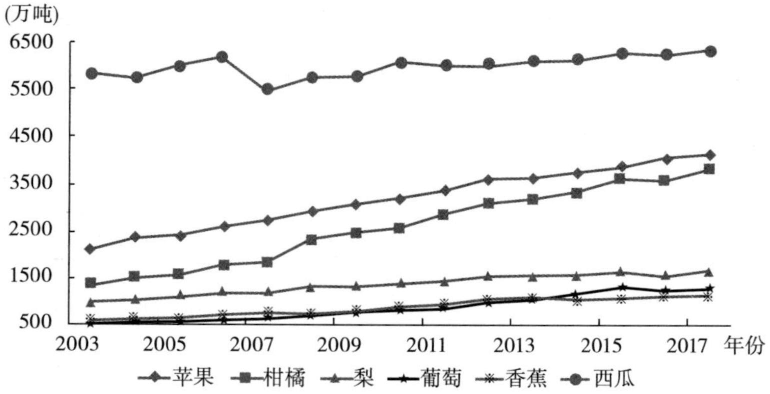

图 19－2　2003—2017 年中国主要水果产量

数据来源：国家统计局。

苹果、柑橘，同理，也为生产端提质增量创造了有利条件，见表 19－2，时至今日，苹果、柑橘的生产效率一直在提升。

表 19－2　1990—2017 年国内苹果、柑橘生产效率情况　单位：吨/公顷

年份	1990	2000	2010	2017
全国苹果单产	**2.64**	**9.06**	**16.40**	**21.26**
烟台苹果单产	—	21.41	35.04	40.72
全国富士苹果种植面积占比（%）	12	—	70	—
全国柑橘单产	**4.57**	**6.91**	**12.75**	**15.67**

注：种植面积占比为估算数，1996 年富士苹果种植面积占比约为 42%。
数据来源：国家统计局、中国林业年鉴。

在苹果里，同样可以看到“洋猪”淘汰“土猪”的品种演变。1980 年农业部批量引进富士品种，在国内试验 8 年后推广至全国。红富士结果期早、产量高，果实个大、品质优良，耐贮运，常温贮存可至次年 5 月、6 月。一经推出，迅速替代了国光、青红香蕉、金帅等本地品种。

如此细思，褚时健老爷子选择的冰糖橙生意，晚熟（竞争品种少），高糖低酸（鲜食），保质期长（产销规模大），橙子单价高（解决

运费难题），生意直觉令人赞叹。

尴尬的原料困境

回归正题，苹果汁顾名思义是苹果榨汁。2017 年，中国苹果产量接近全球的 50%，按理说肯定不缺原料，可行业最大的问题就是原料不足。

（一）原料减量降质

我国栽种苹果以鲜食为主，即同样土地种植鲜食苹果的产出最高，种植榨汁品种不划算，加工原料大部分是以鲜食苹果的残次果、落地果为主。另外，鲜食苹果酸度很低，所以出口价格较低。因为出口苹果汁主要用于混配其他果汁，所以对酸度的要求很高。高酸高价，含酸量每增加 0.5%，每吨价格约提高 1000 元。

我国是鲜食苹果大国，消费升级的引导下，果农一直致力于苹果提质增量（前文已论述），尴尬的是品质升级意味着单位种植面积的残次果产出减少、酸度降低，果汁行业原料获取与苹果业发展逻辑相悖。

为维持产销规模，企业必须采购更多的残次果，需要扩大采购范围。更远的距离意味着更高的运费，在苹果提质的经济逻辑下，原料成本不断上升，进而恶性循环。

由图 19－3 可知，2008 年以来，苹果产量连年攀升，苹果汁出口量却止步不前，甚至呈现下降趋势，全行业开工率下降，足以佐证上述判断。

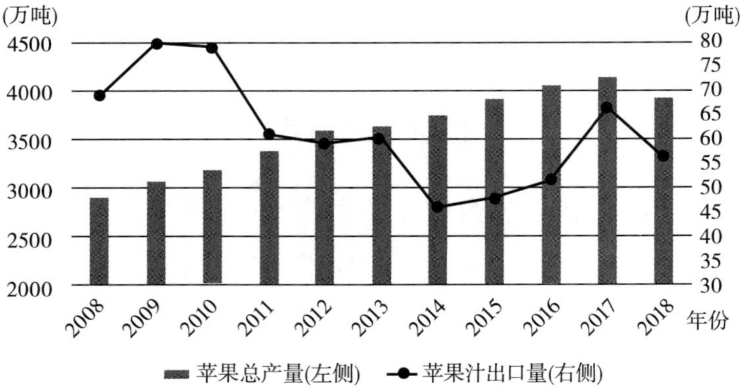

图 19－3　2008—2018 年苹果汁出口量与苹果产量

（二）垂死挣扎的订单农业

业内人士也很清楚其原料困境，但总不能自炒鱿鱼，必须想招自救。国投中鲁 2004 年披露其率先在国内进行高酸苹果基地建设，已在乳山建成 0.5 万亩，IPO 募集资金 1.9 亿元将用于在山西建设 5.2 万亩高酸苹果基地。加上原有的高酸苹果来源，公司产品总量的 50% 以上可以达到高酸要求。

想象总是美好的，这招自建原料基地与东阿阿胶的自建养驴基地、南宁糖业的自建甘蔗基地，是否似曾相识？违背经济逻辑，做得越多，死得越快。

归根结底，同样的土地可以种高酸苹果，自然也能种红富士。如果企业拿不出足够高的收购价，使农户收入超过种植鲜食红富士，那农户就不可能有积极性，一切投入都是徒劳。

同理，随着汽车、农用机械的普及，驴作为畜力工具逐渐被替代。东阿阿胶想尽一切办法解决原料困境，但驴任何部位产出均受猪、牛、羊等的竞争，驴皮以外的部分难以卖出高价，养殖综合收益低，存栏量持续下降。

见图19－4，“可口可乐们”违背经济逻辑，自有其代价。

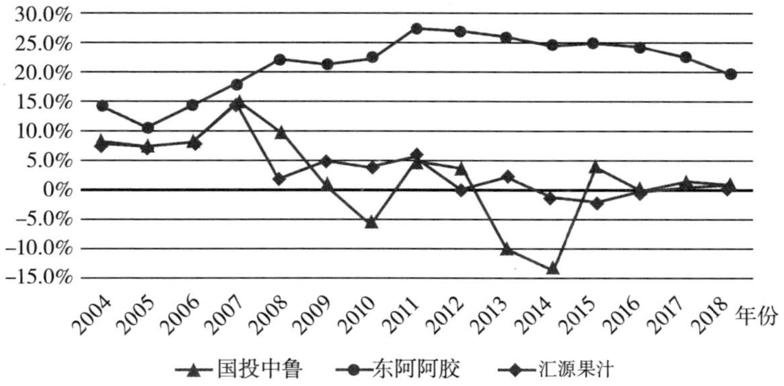

图19－4　2004—2018年国投中鲁、东阿阿胶、汇源果汁净资产收益率

数据来源：已披露财务报告数据计算所得。

（三）更加悲剧的柑橘汁

与苹果一样，我国柑橘以鲜食为主，主要为宽皮柑橘（果皮宽松易剥），适合加工的柑橘品种比例很低，榨汁也只能以残次果为原料，但还有一个制约柑橘汁的麻烦。

鲜食柑橘品种在榨汁后会出现“延迟苦味”，指柑橘果实鲜食时并无苦味，然而经榨汁、杀菌等加工处理后就出现苦味，主要是柠碱等苦味物质造成。

由于对鲜食无影响，市场没有动力改良柑橘品种（减少苦味物质），增加额外成本“去苦”又得不偿失，因此国内橙汁产量很小，绝大部分橙汁需要进口。

投资点评

再好的一杯NFC或100%果汁，也无法胜过一颗新鲜的红富士苹果或褚橙。由于我国市场规模及人口密度的优势，使得鲜果市场空前繁荣。妄图违逆市场规律的企业如何逃得了惩罚？

后　记

本书记录的内容是过去两年研究学习的成果，也是本人出版的第一本书，最后，我想写些特别的内容留在这里，记录个人的一些经历和想法，分享给自己和真正做投资的朋友们。

看完本书的读者，应该清楚本书的投资逻辑完全不同于市场上的任何人、任何方法，因此在投资标的研究工作中，基本上是没有同路人的。另外，为了获取高收益率，我必须寻找市场定错价的企业，也就是说我的研究成果经常需要与整个市场为敌。因此，本人践行的投资之路注定是孤独的。

我的投资生涯并不长，至今发生过 4 次与市场为敌的投资，写在最后，与大家分享一下：

中国宏桥

2017 年 3 月，艾默生发布关于中国宏桥的做空报告，质疑其成本、货币资金造假，虚增利润。由于出身电解铝行业，所以我一开始便怀疑做空报告的真实性。我用上市公司公开数据，从煤炭、火电、氧化铝、电解铝等各个环节逐一验证，确定宏桥成本真实，并未造假。

另外，虚增利润也一定意味着虚增资产。我逐一以重置成本计算其固定资产，发现其不仅没虚增，且建造成本远低于同行，同时折旧比例远高于同行，业绩造假的企业绝不会这么做。

因此，我判断中国宏桥被错杀，并基于自己的研究成果下注，半年后公司复牌，股价大涨卖出获利。当然电解铝不是一盘好生意，且其背后对抗的市场力量也不大，但这是我第一次对抗市场，其间安永会计师事务所撂挑子，拒绝为中国宏桥继续提供审计服务，还有很多其他负面信息。我也恐慌过，但最终我选择相信自己看到的事实和逻辑。

招商银行

招商银行是我国最好的银行，凭借其优质服务获取低成本存款优势，又以低利率抢夺最优质的客户，从而降低风险。低成本存款与低风险客户两者相互促进，良性循环，构筑了其强大的“护城河”。2017 年以来，招行的资产质量优势逐渐被市场认可，估值开始修复，叠加业绩增长，这段时间的投资回报率还不错。

我在“雪球”写过 4 篇关于银行业的生意分析，其中最后一篇是本人卖出招行的逻辑，即银行业资本充足率的管制使其长期投资回报率下降，无法超过 20%。整体逻辑是社保、医保缺口带来不断攀升的财政赤字，赤字需要发行政府债券，政府债券需要持续强力的买盘，银行正是市场上最大的买方，资本充足率管制趋严便可以驱使银行大量增持政府债券。该逻辑可以从银行业持有政府债券比例逐年上升、银行业资本充足率上升、财政赤字情况验证。这就是我国自 2013 年起，坚决执行巴塞尔协议的原因。

从本质上讲，银行生意是一本万利，是撮合存贷双方的资金需求，为储户和贷款人服务。但管制下，银行不能自主选择回报率最高的资产配置，只能一边发行各种资本工具补充资本金，盈利不能过多分红；一边大比例增持政府债券。

优秀如招行也不能突破行业阴霾，报表痕迹显著。市场大环境既逼着招行买政府债券，不能全力发展高回报的零售业务；又限制了杠杆率，使资产回报率被压制。招行减值前利润增速已经下滑很久了，长期投资回报率必将下降。

2019 年 5 月，我在“雪球”发表这篇文章（有兴趣的朋友请去“雪球”阅读），一下子“炸”了“雪球”上最大的投资者群体——银行股东。引得各路大 V、所谓专业银行研究者、从业人员群起攻击。吵了几天，后来不了了之，再后来有些大 V 开始引用我的观点。从近几期招行及同行披露的财报，管制带来的报表痕迹已经很清晰了。

未来资本充足率管制将进一步加强，我据此判断招行未来的长期投资回报率不会超过 20% 。让我们一起等待时间的验证吧。

双汇发展

2019 年 5 月，我在“雪球”发布关于双汇发展重启增长的文章。当然，质疑的声音很大，毕竟双汇已经 5 年业绩停滞，且投资者们对火腿肠印象很差，认为其代表低质垃圾食品。同时，在 2019 年第 2 季度，双汇净利润下滑 16% ，我彻彻底底地站在了市场的对立面。

后来经过同行业对比，确定是双汇经营策略导致的业绩背离行业表现，股价错杀。马相杰在 2019 年 4 月表示：双汇业务策略为“猪价涨得快，鲜品用得多，冻品留着以后用，猪价走平的话，就消化冻品”。对于双汇而言，明知道之后猪价即将暴涨，第 2 季度的鲜肉再贵，也比暴涨后便宜，冻肉放着总会涨价，且鲜肉冷冻、冻肉解冻都有额外成本，优先使用鲜肉最划算。同行们由于资金窘迫，且消化冻肉能力较弱，在第 2 季度优先使用冻肉。

因此，双汇在第 2 季度优先使用鲜肉，在猪肉急涨的背景下，肉制品成本相比同行快速上升。同行们肉制品毛利率基本稳定，行业老大低温肉制品毛利率，反而同比下滑 6 个百分点。

2019 年 3 季报已经证实了上述观点，双汇业绩继续增长。关于双汇的涅槃重生，留给时间继续做验证吧。

格力电器

2020年3月，我在“雪球”发布了关于空调“天花板”的文章，即第八章内容。我是“雪球”上分析格力电器最热门的研究者，一篇推断“天花板”的文章，一时间捅了马蜂窝，大V、“球友”们蜂拥而至。他们认为我是叛变者，群起攻之，批驳我道德、格局、视野低，只会看财务数据，是一名狭隘的会计、研究员，对生意毫无了解。当然，没人从文章的事实和逻辑反驳我，只是在贴标签，甚至也没多少人认真阅读我的文章，他们的行为只是因为我触动了他们的利益，“断人钱财，如杀人父母”。

一开始我当看笑话一般与他们争执，因为之前都在夸赞我“分析格力水平高”，可说了他们不喜欢的实话，我便成了敌人。

一直以来，我写格力、美的都是在陈述事实，从没有夸谁、黑谁的意愿或行为，但我却被当作“格力粉、美的黑”。现在，我成了叛徒，成了双方共同的敌人。当然他们的质疑不会影响我的判断，关于空调“天花板”的判断，关于格力遭遇的经营困难，等待格力未来几年的财务报表来验证吧。

以上4次经历，令我感触颇深，每次都是与市场有分歧的投资决策。从“雪球”上的反应来看，反对的声音一次比一次激烈，充斥着价值观的质疑，没有人从事实和逻辑出发，可见科学投资的珍贵，也恰恰说明真正伟大的投资是不可能赢得群体赞同的。

作为投资者，在有限的时间、信息下做出投资判断，没有人能帮助自己，决策的依据只有科学的经济逻辑。冰冷的理性推断胜过千言万语，投资注定是孤独的。

希望这几则故事对有志投资的朋友有所帮助。伟大的投资之路，“虽千万人，吾往矣”。